그대, 스스로를 고용하라

그대, 스스로를 고용하라

1판 1쇄 발행 2001. 2. 10.
1판 54쇄 발행 2023. 11. 1.
2판 1쇄 인쇄 2025. 2. 7.
2판 2쇄 발행 2025. 2. 14.

지은이 구본형

발행인 박강휘
편집 심성미·박완희 마케팅 이헌영 홍보 이한솔·강원모
발행처 김영사
등록 1979년 5월 17일(제406-2003-036호)
주소 경기도 파주시 문발로 197(문발동) 우편번호 10881
전화 마케팅부 031)955-3100, 편집부 031)955-3200 | 팩스 031)955-3111

값은 뒤표지에 있습니다.
ISBN 979-11-7332-073-6 03320

홈페이지 www.gimmyoung.com   블로그 blog.naver.com/gybook
인스타그램 instagram.com/gimmyoung   이메일 bestbook@gimmyoung.com

좋은 독자가 좋은 책을 만듭니다.
김영사는 독자 여러분의 의견에 항상 귀 기울이고 있습니다.

그대,
스스로를
고용하라

진정한 나와
대면하는
변화의 기술

구본형 지음

김영사

일러두기

이 책은 2001년 2월 출간된 《그대, 스스로를 고용하라》의 25주년 기념판입니다.

아무도 혼자일 수 없다. 그러나 누구나 혼자일 때를 겪어야 한다.
아내와 두 아이 해린과 해언은 내가 나일 수 있도록 참아주고 사랑해주었다.
고마운 일이다.

내 홈페이지 속에 들어와 많은 이야기를 남겨준 분들이 없었다면,
이 책은 이만한 모습을 갖추지 못했을 것이다.
이 책은 또한 그분들이 만든 것이다.
감사드린다.

작가에 대한 애정 없이는 아름다운 책이 되지 못한다.
열정을 쏟아 책을 만들어준 김영사의 한 분 한 분에게도
감사드린다.

그대가 변화를 꿈꿀 때

존재를 그만두지 않고는 어떤 생명도
한층 높은 차원의 존재로 승화할 수 없다.

아난다 쿠마라스와미 Ananda K. Coomaraswamy

이 책은 강제적인 변화의 종용에
지친 사람들을 위한 것이다.

늘 변화의 대상이 되어왔던 사람들,
다른 사람의 뜻에 의존해야 했던 사람들,
자기를 버리고 늘 남이 되어 살았던 사람들,
자신을 깊숙이 들여다볼 기회를 갖지 못한 사람들,
그리하여 한 번도 자신을 불태워보지 못한
조직 인간들을 위한 것이다.

나는 이 책을 통해 자신의 내부에서
'직장인임을 죽임'으로써, '전문적 1인 기업가'로
환생하려는 사람들을 돕고 싶었다.

차례

| 1부 |

출사: 그대의 꿈은 아직 살아 있는가?

1장. 나는 지금 뜨거운가?

스스로를 고용하라

내 안에는 치졸하고 비뚤어지고 우유부단한 못된 면들이
수없이 도사리고 있다. 그러나 나는 그 속에서 힘을 이끌어낸다.
나는 그것들을 바꿀 수 있다. 그것들은 힘의 원천이 된다.
내가 휘어잡을 수 있을 때, 그것들은 좋은 재료가 된다.

리처드 스턴 Richard Stern

직장인의
죽음

직장인은 죽었다. 전통적인 의미의 직장인은 더 이상 존재하지 않는다. 지금 남아 있는 것은 과거의 껍데기이며 유령이며 아직 사라지지 못한 잔영이다. 지금까지 우리는 조직이 '자신을 돌보아줄 것'이라고 생각해왔다.

그러나 이제 그 조직이 우리로부터 일자리를 빼앗아 가고 있다. 일상화된 구조 조정은 대량 실업을 불가피하게 만들었고, 정리해고된 사람들의 몫까지 하느라고 남아 있는 사람들은 이미 지치고 희망이 없고 지긋지긋해졌다. 조직 내의 활력은 사라졌고 어디에서도 열정은 찾아보기 어렵게 되었다. 지나친 말이라고 생각한다면, 다음과 같은 몇 가지를 확인해보라.

먼저 평생 직장을 믿고 있는 사람이 주위에 있는지 찾아보라. 10명 중에 한 사람이라도 그렇게 믿고 있는 사람을 찾아낼 수 있는가?

미국인들은 일생 동안 평균 열한 번이나 직장을 옮겨 다닌다. 구조 조정은 늘 있는 일이며, 실업은 언제나 가능한 것으로 바뀌어가고 있다. 그런가 하면 스스로 더 나은 기회를 찾아 회사를 떠나는 경우도 많다.

한국의 경우 2000년 초, 끈이 닿고 스스로 실력이 있다고 믿는 사람들은 더 좋은 자리를 찾아 직장을 옮기는 것이 마치 유행 같았다. 때로는 창업하고, 때로는 닷컴에 합류하고, 때로는 좀 더 좋은 조건을 제시하는 기업으로 옮겨 갔다. 선택의 폭이 넓어졌기 때문이다.

밖의 시장이 나쁘면 기업이 직원을 해고시키고, 밖의 시장이 좋으면 기량이 있는 직원이 기업을 떠나 새로운 기회를 모색한다. 우리는 훨씬 유동적인 노동의 세계 속에 살게 된 것이다.

둘째, 승진의 사다리를 타고 중역의 자리에 오르는 소박한 목표를 믿고 있는 중간 관리자를 5명 중에 한 사람이라도 발견해낼 수 있다면, 당신이 이긴 것으로 하자.

층층이 오르는 피라미드 조직은 가장 무능한 조직의 대명사가 되어 있다. 최고 경영자는 자신의 기업이 얼마나 평평한 조직인가를 보여주기 위해 안간힘을 쓰고 있다. 과장에서부터 차장, 부장, 이사, 상무, 심지어 전무까지 그저 하나의 팀장으로 부를 수 있는 것을 선진 경영으로 가는 지표로 삼고 있다. 승진의 사다리는 치워졌다.

셋째, 매년 때가 되면 봉급이 균등하게 오를 것이라고 믿는 사람을 10명 중 하나라도 찾을 수 있다면, 역시 당신이 이긴 것으로 하자.

미국에서는 이미 몇 년 전부터, 30대 중반부터 40대 초반까지의 연령층들이 받는 보수가 40대 중반부터 50대 초반까지의 소득을 추월하였다. 한국에는 한국형 연봉제가 확대되고 있다. 연륜과 경력을 바탕으로 소득을 분배하는 원칙은 이제 마지막 숨을 몰아쉬고 있다.

넷째, 자신의 부하였던 사람이 동료가 되고, 동료가 상관이 되는 것을 이례적인 일이라고 믿는 사람을 10명 중 한 사람이라도 찾을 수 있다면, 역시 당신이 이긴 것으로 하자.

실제로 미국에서는 과거 자신의 부하였던 사람이 지금은 자신의 상관이 되어 있는 경우도 비일비재하다. 위계질서에 있어 우리보다 융통성이 많은 그들이지만, 그들에게도 이것처럼 불쾌한 일은 없다. 그러나 그들은 받아들일 수밖에 없다. 경력이 무력해진 조직에서 새로운 경력을 만들어내야 하는 사람들이 감수해야 할 일상이 되어가고 있기 때문이다.

다섯째, 직장인은 양복에 넥타이를 매고 혹은 작업복을 입고 아침 일찍 출근하고 저녁에 퇴근하는 것이 유일한 근무 형태라고 믿고 있는 사람들을 주위에서 5명 중 하나라도 발견하게 되면, 내가 진 것으로 하자.

모바일 오피스Mobile Office의 개념은 이제 웬만한 직장인들에게 낯설지 않다. 이미 실시하고 있는 기업도 늘어났다. 네트워크를 이용한 재택 근무가 부분적으로 적용되고 있다. 벤처 기업들의 경우, 함께 먹고 자며 집중 근무하는 방식이 선호되고 있다. 근무 방식은 공간적·시간적 지평을 넓혀가고 있다.

직장인의 정체성을 규정하던 과거의 규칙들은 어느 것 하나 성한 것이 없다. 새로운 규칙들이 이를 대체하고 있다.

한국의 경우 IMF 시기는 이러한 변화를 가속시켰다. 외환 보유고, 실업률, 수출 등에서 비교적 건강해진 한국의 거시 경제 지표는 한국이 IMF의 위기로부터 벗어났다고 믿게 해주었다. 그러나 레스터 서로우Lester Thurow MIT 교수는 지난 10월 한국의 기자들과 인터뷰하면서, 한국 경제를 "겉으로는 건강해 보이지만 속으로 병이 깊은 환자"에 비유했다. 거시 경제 지표는 괜찮아 보이지만 기업 하나하나를 깊이 들여다보면 근본적으로 달라진 것이 없다는 지적이다. 우리가 근본적인 변화를 만들어내지 못했다는 점에서, 나는 그의 견해에 동의한다.

'화려한 재기'라는 충족감 속에서 직장인 역시 과거의 전통적 직장인으로 계속 머물렀다. 위기감에서 비롯된 약간의 노력이 운과 함께 만들어낸 뜻밖의 성과만큼 우리를 왜곡시키는 것은 없다.

직장인들은 과거의 규칙이 무너져 내리고 새로운 규칙이 만들어지는 것을 보고 있었지만, 새롭게 자신을 규정하지 못했다. 여전히 추운 거리를 헤매야 하는 사람도 많고, 새로운 위기 때문에 지금 거리로 나서야 하는 사람도 늘었다. 쓰라린 경험 속에서 자신을 일으켜 세운 사람도 있긴 하다. 그러나 대부분의 직장인들은 근본적인 자기 혁명에 성공하지 못한 채 3년을 보냈다. 혁명은 유예되었던 것이다.

미래: 보이지 않는
자원의 시대

혁명은 미래의 냄새를 맡지 않고는 불가능하다. 스탠 데이비스Stan Davis와 크리스토퍼 메이어Christopher Meyer는 《미래의 부》에서, 명쾌하고 확실하게 미래의 특성을 보여주는 세 가지 일화를 소개하고 있다.

첫 번째 삽화

아름다운 한 여인이 파리의 카페에 앉아 있는 파블로 피카소에게 다가와 자신을 그려달라고 부탁했다. 물론 적절한 대가를 치르겠다고 말했다. 피카소는 몇 분 만에 여인의 모습을 스케치해주었다. 그리고 50만 프랑(약 8천만 원)을 요구했다. 여자가 놀라서 항의했다.

"아니, 선생님은 그림을 그리는 데 불과 몇 분밖에 걸리지 않았잖아요?"

피카소가 대답했다.

"천만에요. 나는 당신을 그리는 데 40년이 걸렸습니다."

피카소는 자신이 사용한 노동 시간이 아니라 계발된 재능이라는 인적 자본을 기준으로 그림의 값을 매겼다. 인류는 길고 긴 역사의 대부분을 '수렵과 채취의 평등한 경제' 속에서 지내왔다. 그리고 농경 사회가 되자 사회적·경제적 평등은 깨지고, 지주들은 사람을 가축의 일종으로 간주하게 되었다. 산업 사회로 접어들게 되자, 경영자들은 인간의 가치를 기계의 부품이나 나사처럼 인간이 가지고 있는 기능의 가치로 평가했다.

이제 우리는 '연결된 경제'를 특징으로 하는 지식 사회로 들어섰다. 이 사회에서도 유감스럽게, 인간은 인간 자체로서의 존엄성을 가지게 되지는 못할 전망이다. 다만 자신의 타고난 재능을 발견하고 계발한 사람만이 사회적 인정과 경제적 부를 가지게 될 것이다.

두 번째 삽화

영국의 록스타 데이비드 보위David Bowie는 1997년 2월, 뉴욕의 투자회사인 풀먼 그룹Pullman Group의 도움으로 5,500만 달러어치의 10년 만기 '보위 채권'을 발행하였다. 그동안 작사·작곡한 300여 편의 노래가 벌어들이는 수입과 그가 앞으로 개최할 공연에서 들어올 수입 등이 '보위 채권'의 바탕이 되었다. 신용평가회사인 무디스 투자 서비스Moody's Investor Service는 이 채권에 A등급을 부여했다. 이것은 GM과 동일한 신용등급이다. 푸르덴셜 보험사는 이 채권의 전량을 사들였다.

채권은 그동안 정부나 기업과 같은 조직의 전유물이었다. 그러나 개인도 자신의 인적 자원을 바탕으로 스스로의 채권과 주식을 발행하게 되었다. 당분간은 연예계나 스포츠 스타들처럼 특수한 인물들만이 할 수 있는 일이겠지만, 시간이 지나면 잘 알려진 전문직 등을 대상으로 봇물 터지듯 확대될 수 있을 것이다. 개인에 대한 신뢰만으로 시장을 설득하기 어려울 경우에는, 집단적인 팀을 하나로 묶어bundling 채권이나 주식을 발행하는 일이 일반화될 전망이다. 예를 들어 메릴린치는 이탈리아의 라지오 축구팀이 벌어들일 미래의 입장료 수입을 근거로 2,500만 달러어치의 채권을 발행하도록 주선했다.

2001년에 변호사 개업을 한 서울 법대 졸업생들을 묶어 그들이 미래에 벌어들일 소득을 근거로 채권을 발행하면 어떻게 될까? 이들의 신용등급은 얼마나 될까? 집단은 개인보다 리스크가 적다. 따라서 스타가 아닌 전문가 집단을 잘 엮어 미래의 부를 담보로 주식이나 채권을 발행하는 것은 앞으로 아주 흔한 예가 될 전망이다.

세 번째 삽화

잘 알려진 ISP(인터넷 서비스 제공업체)에 근무하는 16명 직원한 팀이 단체로 이직하고자 함. 디렉터 1명(20만 달러), 매니저 2명(18만 달러), 선임 엔지니어 3명(19만 달러), 행정 관리 직원 5명(15만 달러) 등. 〈포천〉 선정 500대 기업 고객들을 대상으로 수준급 NT와 UNIX 오퍼레이팅 시스템하에서 웹 시스템 개발 경험이 아주 많음. 1년 치 급여와 이적 보너스 32만 달러, 연금, 스톡옵션 등을 포함하여 입찰 최저가 314만 달러.

이것은 1999년 4월 28일, 경매 사이트인 이베이^{eBay}에 올려진 경매 사건 번호 #96369441의 개요이다. 이 팀은 경매를 통해 자신들의 두뇌와 기량, 업적이라는 인적 자원의 시장 가격을 매기고자 했다. 아무도 응찰하지 않았기 때문에 거래는 이루어지지 않았지만, 이 시도는 일종의 분수령적인 사건 중의 하나였다. 그 후 많은 사람들이 이 아이디어를 따랐다. 네트워크는 '새로운 관계'를 가능하게 해주었다. 자신의 재능을 팔 수 있는 완벽한 시장과 우리를 연결해주고 있는 것이다.

이 세 가지 에피소드 속에서 당신이 본 미래는 무엇인가? 고양이 눈처럼 섬뜩하고 묘하게 강렬하고 분명한 섬광으로 미래의 모습을 붙잡을 수 있었는가?

시장은 사람들의 재능과 능력에 상응하는 보상을 해줄 수 있는 방법들을 끊임없이 찾아 개발하고 있다. 이제 노동 시장의 주도권은 인력을 구하는 기업에게 있지 않다. 오히려 직업을 구하려는 '나'에게 있다. 가치 있는 자원을 소유하고 있는 것은 고용주가 아니다. 바로 '나'다.

기업이 가지고 있는 경쟁력이란 무엇인가? 그 안에서 종사하고 있는 개인들의 능력을 모은 것이다. 그러나 개인은 자신의 능력과 재능에 따라 물리적으로든 전자적으로든 원하는 곳은 어디든지 갈 수 있게 되었다.

빌 게이츠는 세상에서 가장 부유한 사람이다. 그러나 그가 가지고 있는 것은 전통적인 자본가들이 가지고 있는 물리적 자본이 아니다. 그는 거대한 농장을 가지고 있지도 않고 유전을 가지고 있는 것도 아니다. 그리고 엄청나게 큰 공장을 가지고 있는 것도 아니다. 그는 다만 지식 프로세스에 대한 통제력을 가지고 있을 뿐이다.

우리는 자본주의 시장경제 속에 여전히 살고 있지만, 더 이상 전통적인 자본주의 체제 속에 살고 있는 것이 아니다. 우리는 매우 다른 세상에 살고 있다. 개인의 재능과 지식이 가장 강력한 생산 요소로 작용하는 사회, 보이지 않는 자원이 지배하는 무형의 경제 체제 속에 살고 있는 것이다. 그리고 앞으로 더욱 그럴 것이다.

정보 통신 분야의 기술 혁명을 통해 생산성을 지속적으로 증가시킴으로써 수확 체증의 법칙이 적용되는 새로운 경제학

New Economy의 존재는 아직 검증되지 않았다. 스탠퍼드대학교의 폴 로머Paul M. Romer 교수는, 유형 물질에 대한 생산만을 가정하던 과거와는 달리 지금은 다른 원리가 적용되는 '소프트 혁명Soft Revolution'의 시대에 우리가 살고 있다고 주장한다. 유형의 물질 대신 그것을 생산하는 비방, 즉 소프트웨어의 양과 질이 삶의 질을 결정하는 시대라는 것이다.

소프트 혁명의 시대에는 유한한 자원으로 물건을 생산하는 것이 아니라, 물질의 조합을 달리하는 방법을 만들어내는 것이 새로운 생산의 개념이다. 예를 들어보자. 철과 산소는 활용하는 방법에 따라 다양한 부가가치를 만들어낸다. 석기 시대에는 녹에 물을 섞어 동굴에 벽화를 그렸다. 중세에는 녹에 기름을 섞어 유화를 그렸다. 현재는 녹을 플라스틱 테이프에 붙여 비디오테이프를 만든다. 철과 산소라는 동일한 재료는 그 결합 방법을 달리함으로써 다른 제품이 되었다. 그리고 그것이 만들어내는 가치도 천차만별이다. 이러한 비방이 바로 지식이라는 소프트웨어다.

맛있는 음식은 비싸다. 재료로 쓰인 고기, 양파, 소스의 가격은 4,000원이지만 음식값은 40,000원이다. 부가가치의 핵심은 무엇일까? 소프트웨어와 이것을 만들어낸 인간에게 있다. 소프트웨어는 조리의 비방recipes이고, 주방장이 이것을 만들어낸다. 하드웨어인 재료와는 달리, 소프트웨어의 특성은 재사용이 가능하고 희소성의 적용을 받지 않는다. 동일한 원리가 개인과 기업에도 적용된다. 훌륭한 비방을 많이 가진 개인과 기업은 많은 수익을 올릴 수 있다. 이제 더 이상 과거의 낡은 공장에서 물건을 만들어내는 것만을 고집하면 기업은 생존할 수 없다.

고용도 마찬가지이다. 어디에도 평생 직장은 없다. 고용은 아웃소싱이나 프로젝트같이 '일이 있는 곳에 계약을 통해' 거래가 이루어지는 현물 시장spot market 거래와 비슷해질 것이다. 그러므로 직장인들은 새로운 지식과 비방을 습득하고 스스로의 재능과 기량을 계발해야만 한다. 우리는 스스로의 자산을 가지고 있다. 우리는 우리가 가진 재능을 발견하고 개선하고 마음껏 활용할 수 있다. 이것은 당신의 사유 재산이다.

자신에 대한 투자는 미래 인생의 깊이를 결정한다. 결정하기에 따라 행복하고 보람 있는 인생을 살 수도 있고, 쫓기고 쫓겨 막다른 골목으로 몰릴 수도 있다. 현실밖에 없는 인생은 병자의 삶이다. 오늘을 넘기고 오늘을 사는 것만이 중요해질 때 우리는 미래를 계획할 수 없다. 우리가 진심으로 바란 그곳, 몸도 마음도 정신도 참으로 가 있고 싶어 하던 그곳에 다다를 수 없다면, 우리는 자신의 인생에 대해 책임을 다하지 못한 것이다.

금년에 대학을 졸업한 젊은이들에게 올겨울은 참으로 추운 시절이다. 한 대기업의 채용률은 100 대 1을 넘어섰다. 기업에 새로 입사한 사람은 행운일 것이다. 그러나 당부하고 싶은 말이 있다. 일자리를 가지게 된 것만을 다행으로 생각하지 마라. 급여의 많고 적음을 따지지 마라. 그 일자리를 통해 내가 얼마나 벌 수 있고 얼마나 화려한 소비 생활을 할 수 있는지를 따지지 마라.

선택의 기준은, 그 일자리에서 내가 얼마나 기량을 쌓을 수 있으며 재능을 계발할 수 있는가이다. 이를 우선적으로 생각해야 한다. 이것이 바로 미래의 부를 축적하는 방법이다. 따라서 면접을 할 때 이렇게 물어보라. "내가 3년간 이 회사를 위해 일했을 때, 3년이 지난 후 나의 지적 재산의 가치는 얼마나 올라 있을 것인가?" 고용주에게 면접을 당하는 대신 그대가 고용주를 면접하라. 이것이 미래를 잡는 방법이며, 미래를 만들어가는 지름길이다. 이러한 관점은 삶과 일을 대하는 당당하고 독립적인 정신적 태도를 만들어줄 것이다.

어디서 무엇을 하든, 그대는 1인 기업을 경영하는 경영자라는 사실을 잊어서는 안 된다. 실질적인 자영업을 하든, 그렇지 않고 특정 기업을 위해 일을 하고 있든, 1년을 단위로 재계약한다는 마음가짐이 중요하다. 최고의 서비스를 제공하면 좋은 조건으로 재계약을 할 수 있을 것이다. 필요하다면 비배타적 계약, 즉 직장을 여럿 가질 수도 있음을 요구할 수 있어야 한다.

실제로 미국에서 급격하게 늘어나고 있는 고용 형태는 자영업이다. 이것은 많은 사람들이 자신의 근로 생활을 일자리로 규정하는 대신, 하나의 리스크 관리로 보기 시작했음을 의미한다. 이에 따라 리스크의 개념은 '상실할 가능성chance of loss'에서 '얻을 수 있는 기회opportunity for gain'로 전환하게 되었다. 진정한 실업은, 지금 봉급을 받을 수 있는 일자리를 가지지 못한 것이 아니라, 미래의 부를 가져다줄 자신의 재능을 자본화하지 못하는 것이다.

자기가 아닌
모든 것을 버림으로써
시작하라

미래의 부를 획득함에 있어 가장 중요한 출발점은, 자기 마음속에 자리 잡은 피고용자로서의 직장인이라는 전통적 인식을 파괴하는 것이다. 나 없이는 살 수 없다.

그러나 변화를 방해하는 가장 큰 걸림돌은 언제나 자기 자신이다. 자기 마음속에서 과거의 관계를 죽이지 않고는 새로운 관계를 시작할 수 없다.

죽음은 살아 있는 존재가 더 이상 살아 있지 않은 비존재로 바뀌는 무서운 변환이다. 종말이라는 죽음의 이미지는 살아 있는 사람들에게는 낯설다. 실존철학자들은 무無나 비존재가 불안의 원인임을 강조한다.

전통적 의미의 직장인이 죽어가고 있다는 것을 느끼게 되면서 직장인들의 불안이 가중되는 이유가 여기에 있다. '직장인의 죽음'이라는 불가피성은 모든 직장인이 감지하고 있는 불안의 궁극적 기초이다. 어떤 방식으로든 우리는 이 위협에 대처하지 않으면 안 된다.

그러나 기본적인 위협들은 추상적이고 모호하고 상징적이기 때문에 그것에 효과적으로 대처하는 것이 쉽지 않다. 그리고 고통스럽다.

그러나 죽음은 우리의 내부에서 강력한 힘으로 바뀐다. 불안의 원인이 된 죽음을 죽임으로써 불안을 소멸시킬 수 있다. 죽음은 새로운 삶을 가능하게 하는 유일한 자리이다.

과거를 죽이지 않으면 새로운 현실은 없다. 잃어버리면 얻을 것이다. 장님이 되어라, 그러면 보일 것이다. 집을 떠나라, 그러면 집에 도착할 것이다. 한마디로 말해서 죽어라, 그러면 살게 되리라.

장자가 이른바 "나를 잃었다^{吾喪我}"고 한 것은 '참나^{眞我}'가 '껍데기의 나^{個我}'를 벗어났다는 뜻이다.

알프레드 화이트헤드_{Alfred North Whitehead}는, "어떤 사회의 문명이 진보하기 위해서는 그 사회가 거의 난파할 지경에 이르러야만 한다"고 말했다.

나를 잃음으로써 나를 되찾는 것은 모든 지혜의 공통된 메시지이다. 개인의 혁명은 자신의 껍데기를 죽임으로써 가장 자기다워질 것을 목표로 한다. 자기가 아닌 모든 것을 버림으로써 자기로 새로 태어나는 과정이 바로 변화의 핵심이다. 그러므로 변화는 변화하지 않는 핵심을 발견하려는 열정이며, 그것을 향한 끊임없는 '움직임movement'이다.

죽음 역시 살아 있는 사람들의 문제이다. 죽은 사람에게 죽음은 아무 의미가 없다. 죽음은 파괴적 창조이다. 산업화 사회의 부품과 나사라는 생각이 골수까지 박혀 있는 조직 인간을 우리 마음의 내부에서 죽임으로써, 삶과 일에 대한 열정을 회복할 수 있다.

자신과 조직의 관계를 새롭게 정립함으로써, 조직은 개인이 자신을 구현할 수 있는 흥분과 헌신의 장이 되고, 개인은 조직의 경쟁력을 가져오는 원천이 된다. 스스로를 1인 기업의 경영자라고 인식하는 구성원을 가진 조직은, 열정과 헌신으로 무장한 거대한 전문가 네트워크로 발전할 수 있다.

이때 조직원은 더 이상 비용으로 인식되지 않을 것이며, 기업의 진정한 자산으로 간주될 것이다.

실업의 불안과 절망에서 벗어날 수 있는 길은, 직장인의 특성인 '고용당한다'는 개념을 죽임으로써 스스로를 고용하는 방법밖에는 없다.

죽을 때까지 자신을 배반하지도 떠나지도 않는 것은 자신이 가지고 있는 재능이다. 하도 평범하여 자신에게 별다른 재능이 없다고 생각하는 사람도 있을 것이다.

그러나 걱정하지 마라. 누구든 자신을 가장 잘 표현할 수 있는 방법 하나쯤은 가지고 있다. 중요한 것은, 신이 허락한 그것이 무엇인지 알아내는 것이며, 정성을 다하고 시간을 투자하여 그것을 계발하는 일이다.

자신 안에 있는 그 '거시기' 속에는 미래가 참으로 강렬한 힘으로 갈무리되어 있다. 이 재능을 기초로 당신만의 1인 기업을 만들어보라. 당신 인생의 후반부는 새롭게 써질 것이다.

이 책은, 자신에게 타고난 재능이 있다는 사실을 믿지 못하는 지극히 평범한 조직 인간으로서의 개인이 자신의 재능을 발견하고 계발함으로써 스스로의 경제적 가치와 삶의 질을 끌어올릴 수 있는 자기 혁명의 방안을 제시하려는 노력이다.

기본적으로 '변화의 기술The Art of Changing'을 다루게 될 것이다. 그러나 인간은 기술 이상의 존재이다. 우리는 이성적인 존재이며 또 가장 감정적인 존재이다.

그리고 이 둘은 분리될 수 없다. 따라서 우리는 감정과 이성을 모두 사용하게 될 것이다. 논리를 따르기도 하겠지만 감성의 도움도 받게 될 것이다. 머리를 신뢰하겠지만 또한 마음에 호소할 것이다.

철학자 버트런드 러셀Bertrand Russell은 "마음은 가장 놀라운 방식으로 주어진 재료들을 서로 결합시키는 참으로 별난 기계"라고 말했다. 또한 플라톤이 한 말 역시 잊지 말자. "모든 배움은 정서적 기반을 가지고 있다." 진정한 마음의 동의를 얻어낼 때 우리는 깊이 체득할 수 있다.

몇 시간이면 책은 다 읽을 것이다. 책을 덮은 그날부터 '3년간의 자기 혁명 프로젝트'를 기획하고 실천하라. 이 작업은 지친 당신의 즐거움이 될 것이며, 활력소가 될 것이다. 당신은 삶의 열정을 되찾을 것이고, 헌신의 의미를 알게 될 것이다.

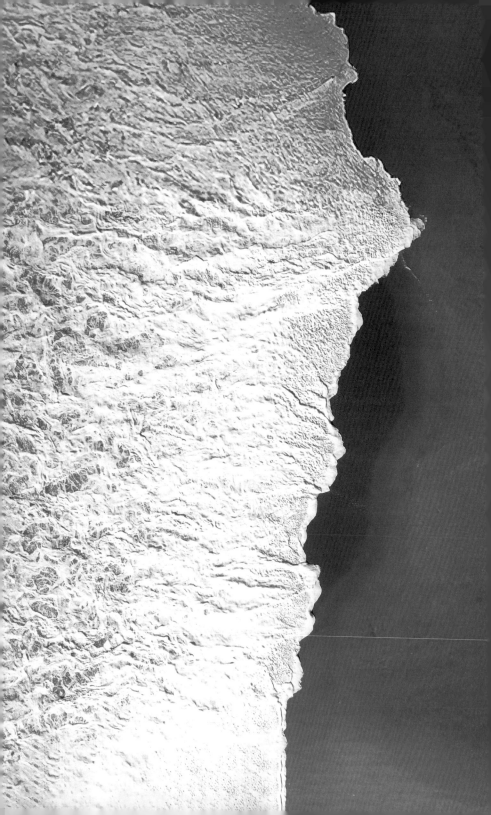

출사:

그대의 꿈은
아직 살아 있는가?

세상만사가 나에겐 진부하고, 짜증스럽고, 무익
한 허섭스레기로 보이는구나. 싫구나, 참으로 싫
구나. 자라서 씨앗을 맺을 이 잡초투성이의 뜰이.

《햄릿》1막 2장

모든 것이 끝났다고 여겨지는 순간이 있게 마련
이다. 그때가 곧 시작이다.

루이 라무르 Louis L' Amour

나는 지금 뜨거운가?

머리가 알아내기 전에 늘 먼저 보는 것은 가슴이다.

토머스 칼라일 Thomas Carlyle

월급에 관한
어떤 삽화

타석에 한 선수가 배트를 들고 서 있었다. 공은 스트라이크 존을 따라 흘러들어 왔다. 저걸 놓치면 안 되는데. 관객도 감독도 선수가 그 공을 치길 바랐다. 그러나 공은 포수의 미트 속으로 빨려 들어갔고 원스트라이크가 되었다.

두 번째 공이 왔다. 아웃코너로 조금 빠져 스트라이크 존으로 들어오는 정말 치기 좋은 공이었다. 투수는 아차 했고, 감독은 안타 하나와 1점이 추가되는 광경을 예상했다. 그러나 그는 배트를 휘두르지 않았다.

감독이 외쳤다.

"아니, 저 사람 뭘 기다리는 거야? 이봐, 뭘 기다리는 거야?"

타석에 선 선수는 이렇게 중얼거렸다.

"내가 뭘 기다리느냐고? 내가 기다리는 건 25일이야."

25일은 그의 월급날이었다.

네 종류의 직업

먹고사는 방법에는 여러 가지가 있다. 춤을 추고 노래를 부르면서 돈을 버는 사람이 있는가 하면, 평생 바둑이나 체스를 두면서 먹고사는 사람도 있다. 그림을 그려서 먹고사는 사람도 있고, 글을 써서 먹고사는 사람도 있다. 먹을 것을 팔아서 먹고사는 사람도 있다. 막대기 하나를 들고 작은 공을 쳐서 작은 구멍에 집어넣는 게임도 잘하면 세계적 영웅이 되어 부와 명예를 거머쥐기도 한다. 그런가 하면 예전에는 좋은 직업이었던 것이 지금은 신통치 않은 직업이 되기도 하고, 갑자기 각광받는 새로운 직업들이 쏟아져 나오기도 한다.

나는 직장인들을 만나 직업과 관련된 여러 이야기들을 나눌 기회가 많았다. 세상에는 수없이 많은 직업들이 있지만, 종사하는 업종, 기업의 크기, 지위의 고하와 무관하게 직업의 가치를 결정하는 두 가지 중요한 기준이 있다는 사실을 알게 되었다. 하나는 얼마나 그 일을 좋아하느냐는 것이고, 다른 하나는 얼마나 벌 수 있느냐는 것이다. 사람들은 자신이 좋아하는 일을 하며 살기를 진심으로 바라고 있다. 그리고 그 일을 하면서 충분한 보상을 받을 수 있기를 바란다. 그런 직업을 가지고 있다면, 아무도 그 이상 좋을 수는 없다. 그러나 유감스럽게도, 이런 첫 번째 등급의 직업을 가지고 있다고 믿는 사람들은 아주 적었다.

사람에 따라 차이가 있긴 하지만, 두 번째 등급의 직업으로는 '아직 돈도 명예도 따라오지 못하지만 미친 듯이 하고 싶은 일을 할 수 있는 직업'을 꼽았다.

세 번째 순위로는 사회적으로 좋은 직업으로 알려져 '돈은 잘 벌지만 별로 빠져들지 못하는 직업'을 들었다.

가장 신통치 못한 네 번째 등급의 직업은, '하고 싶은 일도 못 하면서 돈도 못 버는 직업'이다. 특이한 점은, 대부분의 사람들이 모두 네 번째 등급의 직업을 가지고 살고 있다는 사실이다.

그들은 적은 월급을 기다린다. 그거라도 없으면 먹고살기 어렵다. 보상이 적다는 이유보다 더 사람을 괴롭히는 것들이 있다. 심리적으로 가치를 찾기 어려운 하나 마나 한 일을 하고 있다는 불만, 참신한 맛도 도전 의욕도 없는 지겨운 일의 되풀이, 상사로부터 오는 과도한 요구 혹은 자신이 한 일을 알아주지 않을 때 오는 엄청난 스트레스 같은 것들이다. 더욱이 하는 일이 미래가 없고 기량을 키울 수도 없으며 자신의 재능을 발휘할 기회를 가질 수 없다면, 열정은 사라져버린다. 그래서 시키는 일은 하지만, 그 이상은 하지 않게 된다. 그들은 조직의 나사와 톱니바퀴에 불과하다는 자괴감에 빠지고, 직장과 일의 밖에서 마음을 달래줄 대안을 찾아 헤맨다. 인생은 퇴근 시간 후부터 의미를 갖기 시작한다. 라인하르트 횐Reinhard Höhn은 이것을 "직장인의 내면적 자기 퇴직"이라고 부른다. 몸은 회사에 있지만 마음은 살길을 찾아 인터넷 속의 증권가를 헤매고, 전직轉職과 창업과 자격증의 언저리를 방황한다. 충성심을 대신할 열정과 헌신 그리고 활력은 점점 줄어들고 있다.

일에서 즐거움이 떨어져 나가면 일은 고통스럽다. 인생에 끌려다니면 고달플 뿐이다. 인생을 몰고 다닐 수 있으려면 '좋아하고 잘하는 것을 직업화시키는 방법'이 현명하다. 세월이 흐르면 첫 번째 등급의 직업으로 발전할 수 있기 때문이다. 어떤 종류의 직업이든지 그 일을 아주 잘하게 되면 돈과 명예가 따라온다. 학벌이 없어도 명인과 장인이 된 사람들은 많다. 그들 역시 한때 아주 가난했을 것이다. 좋아하는 일을 열심히 하다 보니 세월이 그들을 만들어준 것이다. 이 점이 바로 평균적 삶이 무난했던 산업화 시대와 '재능의 시장 가치'가 중요해진 지식 사회가 극명하게 다른 점이다.

그러므로 자신을 한 번쯤 일으켜 세워, 바람직한 인생으로 가기 위한 분기점을 만들어내야 한다. 스스로를 위하여 그리고 아이들을 위하여 그렇게 해야 한다. 자신의 인생에 주제를 갖지 못하면 실패한 사람이다. 세속적으로 성공했다 하더라도 그는 헛되게 세상을 산 사람에 지나지 않는다. 기껏 해봐야 세 번째 등급에 속한 직업을 가진 사람에 지나지 않는다.

사람들이 몰려다니는 커다란 대열에 합류함으로써 우리는 스스로 안도해왔다. 예측할 수 있는 일상성 속에서 학교에 들어가고 학교를 졸업하고 직장을 구했다. 좋은 직장에 들어간다는 것에 얼마나 큰 안도감을 느꼈던가? 부모님들은 얼마나 좋아하셨으며, 친구들은 또 얼마나 부러워했던가?

그러나 몇 년이 지나면서 얼마나 많은 사람들이 자신의 직업이 겨우 네 번째 등급에 불과하다는 것을 깨닫게 되었던가? 우리가 가졌던 화려하고 다소 방만한, 그러나 불같았던 욕망과 기대가 조금씩 꺼져가고 있다는 것을 우리는 알고 있다. 마음을 태워 밝히던 불빛이 약해지면서 인생을 둘러싸고 있는 주위가 조금씩 어두워져가고 있는 것을 느끼게 된다.

자신을 위해 한 번의 직업 혁명을 준비해야 할 때가 되었다. 모든 사람은 자기 내부에 엄청난 매장량의 보물을 가지고 있다. 그것이 무엇인지, 얼마나 되는지는 아무도 알 수 없다.

분명한 것은, 그것을 발견하지 못하는 사람은 가난하고 비참한 생활을 감수해야 한다는 것이다. 혁명의 시작은 지금 횃불을 켜 들고 자신의 모든 보물이 감추어진 깊은 동굴로 천천히 들어가는 것이다. 출발하자마자 갈림길이 하나 나올 것이다. 한 길은 훨씬 넓고 화려해 보일 것이다. 세 번째 등급의 직업 생활을 할 수 있는 길로 가는 입구이다. 그러나 그 길로 가지 마라. 10년이 지나고 20년이 지나 인생을 뒤돌아보면 그저 허망해질 뿐이다.

그 갈림길에서 작고 조용한 오솔길을 택하라. 그 길은 두 번째 등급의 직업으로 갈 수 있도록 준비된 길이다. 그 길을 따라 한참을 가라. 그 길은 아주 멀다. 아직 웅장한 폭포나 넓은 강물 혹은 장엄한 산맥을 만나지는 못할 것이다. 화려한 볼거리도 많지 않을 것이다. 조금 외롭긴 하지만 작은 즐거움들로 가득할 것이다.

그렇게 길을 잃을 만큼 한참을 가다 보면, 당신은 첫 번째 등급의 직업으로 가는 길에 이미 들어섰음을 알게 될 것이다. 그 길을 따라가다 보면, 곳곳에 수없이 많은 보물들이 묻혀 있음을 발견하게 되고, 시간이 지날수록 자신이 점점 더 부유해지는 것을 알게 될 것이다.

세상이 시들해 보이는 이유는, 세상이 시들해서 그런 것이 아니다. 자신의 일과 삶에 대한 관심과 열정을 잃었기 때문이다. 세상은 늘 거기에 그렇게 눈부시게 서 있다.

돈과 열정

조지 소로스^{George Soros}는 '황금의 손'을 가진 투기꾼이다. 저널리스트인 볼프강 헤를레스^{Wolfgang Herles}의 묘사에 따르면, 그는 다른 사람보다 한발 먼저 돈의 냄새를 맡는다.

그는 사냥개의 본능을 가지고 있고, 이것이 그의 힘이다.

그는 한때 영국 파운드화에 환투기를 하여 떼돈을 벌었고, 금광에 투자하여 금 시세를 폭등시켰다. 그가 한마디 중얼거리면, 중앙은행이 동요하고 환율이 급변한다. 그리고 그 뒤로 무수한 개미 군단들이 그를 따른다. 돈이 모든 것의 기준이 되어버린 사회에서, 그는 예언자가 되었고 정신적 지도자가 되었다.

투기꾼인 그가 생각하는 돈의 의미는 두 가지, 자유와 권력이다. 다른 사람보다 더 독립적이라는 것, 즉 다른 사람에게 의존하지 않는 것이 바로 자유이다. 돈이 많으면 상대적으로 자유롭다. 다른 사람에게 의존하지 않아도 되기 때문이다. 한편 돈이 많으면 다른 사람이 나에게 의존하게 된다. 다른 사람을 나에게 의존하게 만드는 것, 이것이 바로 권력이다. 그러므로 권력은 다른 사람의 자유를 속박하는 것이다. 소로스에게 돈은 처음에는 자유를 의미했다. 그리고 나중에 돈이 많아지니 권력도 얻게 되었다. 그는 이제 자신의 관심사를 세상에 알릴 수 있는 힘을 가지게 되었다. 그는 위험한 인물이 된 것이다.

그가 세상을 향해 외치는 것은 아이러니컬하게도 "우리 사회는 돈을 지나치게 높이 평가한다"는 메시지이다. 그는 자유와 열린 사회라는 가치를 전파하는 계몽주의자가 되었다. 이것이 투기꾼인 그가 가지고 있는 또 다른 얼굴이다. 그는 동구권에서는 아주 훌륭한 자선가 중의 한 사람으로 여겨진다. 그곳에 대학을 세우고 수많은 재단을 만들어내었다. 어떤 사람들은 그가 동구권에 거액을 기부하자, 그동안 돈으로 살 수 없었던 '명예, 박애, 고향에 대한 향수 등'을 돈으로 사고 싶은 모양이라고 비웃기도 한다. 그들의 비난이 이유가 없는 것은 아닐지 모른다.

그러나 분명한 사실은, 돈이 최선인 사회에서는 조지 소로스 같은 부자조차 살기 어렵다는 것이다. 돈 외엔 어떤 가치도 존중되지 않는 사회에서 우리는 행복할 수 있을까? 아버지가 아직 숨이 끊어지지도 않았는데 유산을 둘러싸고 싸우는 가족들, 사랑보다 돈을 선택한 연인, 돈 몇 푼에 깨어진 우정, 신의

는 없어지고 돈에 좌우되는 껍데기 관계 속에서 부자인들 행복할 수 있겠는가?

헝가리 부다페스트에서 부유한 변호사의 아들로 태어난 이 유대인은 나치 점령하에 숨어지내야 했고, 그 후 영국으로 망명했다. 다른 유대인들처럼 그도 민족을 차별하는 세계를 떠나 보편적 이념이 자리 잡은 세계로 피신할 수밖에 없었다. 그래서 그는 민족주의를 우리 시대 모든 악의 근원으로 생각하고 혐오한다. 그는 칼 포퍼의 '열린 사회'를 추종하는 인물이다.

웬만한 체제의 존속을 자신의 손에 거머쥐고 있는 이 희대의 투기꾼에게서 배워야 할 점이 있다. 바로 그가 사물을 보는 관점이다. 그는 유대인이라는 소수 민족이었기 때문에, 다수가 보는 방식과는 다른 관점에서 사물을 보아왔다. 이것이 그의 금융 사업의 기반이었으며, 생존의 핵심이었다. 외환, 차관, 선물거래 등 위험성이 높은 금융 도박판에서 이기려고 할 때, 그는 늘 다수의 견해와 싸웠다. 그리고 다수가 잘못될 때 떼돈을 벌어 모았다.

다수의 의견에 맞선다는 것은 겸손한 용기를 필요로 한다. 그는 자신이 자만에 빠지지 않도록 늘 경계하고 조심했으며, 불확실성 속에 존재하는 흐름을 예측하려고 애썼다.

그는 자신의 판단을 따랐고 자신의 이론을 따랐다. 그는 언제나 자기 이론을 점검했고, 필요하다면 자기 생각을 가차 없이 버리기도 했다. 한때 더 이상 잃을 것이 없던 밑바닥 인생을 살았던 때가 있었다. 영국 이민 시절, 그는 '생애에서 가장 어려웠던 시절'을 보내야 했다. 새벽녘까지 부자들이 술 마시고 춤추며 놀던 쿼그리노의 웨이터로 일했다. 식비를 아끼기 위해 새벽에 그들이 남기고 간 음식 찌꺼기로 배를 채웠다. 그는 바로 여기서 배짱과 용기를 배울 수 있었다. 우리는 어디서나, 누구에게나 배울 수 있다. 그리고 삶에서 배운 것을 미래에 적용할 수 있다.

돈은 자유와 권력을 준다. 정말 좋아서 아무도 그것이 좋다는 말을 대놓고 하지 않는 것이 바로 돈이다. 다 아는 것을 떠드는 사람은 덜떨어진 사람이다. 자유와 권력, 이것이 모든 사람들이 돈을 좋아하는 숨은 이유이다. 돈이 많이 있다면 '하기 싫은 일'로부터 자유로워질 수 있다. 지금 당장 마음속에 떠오르는 '그 일'을 할 수 있다. 그 일이 무엇이든 상관없다. 영향력을 가지고 있다는 것은 기분 좋은 일이다. 추운 날, 눈을 감고 따뜻한 욕탕에 깊숙이 몸을 담그고 있는 것과 같다. 넓고 아름다운 욕탕에서 노예들의 시중을 받으며, 엎드려 산해진미를 맛보는 로마 귀족 같은 화려함이 있다.

《아테네의 티몬》에서 셰익스피어는 다음과 같이 말한다.

돈? 비싸게 번쩍이는 붉은 돈? 아니, 신들이여! 이 몸이 그걸 바라는 것은 헛된 일이 아니라오. 돈은 검은 것을 희게 만들고, 낡은 것을 새롭게 하고, 비천한 것을 고귀하게 한다오. 돈은 유혹한다오, 제단의 사제를.

많은 사람들이 돈을 벌려고 한다. 돈을 버는 방법에는 여러 가지가 있다. 많은 사람들이 그 비법을 배우려고 한다. 책방에 가면 그런 책들이 경제 경영서 서가를 빽빽하게 메우고 있다. 그러나 속지 마라. '돈을 버는 묘법'—가난한 사람들은 그 비방을 돈을 주고 구입하지만, 정작 돈을 버는 사람들은 그들이 아니라 비방을 만들어 판 사람들이다. 아쉽게도 돈은 그들의 비방대로 벌어지는 것이 아니다.

돈을 벌 수 없는 가장 확실한 방법은 돈의 뒤를 쫓아다니는 것이다. 죽어라고 쫓아다니지만, 돈은 늘 다른 사람들이 몰고 다닌다. 축구를 보라. 죽어라고 공만 쫓아다니는 성실한 바보들이 당신을 얼마나 열 받게 만들었는지 생각해보라.

돈을 벌 수 있는 단 한 가지 확실한 방법이 있다. 그것은 돈이 흘러오는 그 길목을 지키고 서 있는 것이다. 안타까운 것은, 아무도 그 길목이 '언제 어디'인지를 정확히 모른다는 점이다. 그러나 우리는 '그때 그곳'에 대한 확실한 심증을 가지고 있다. 단언하건대, 보물은 '자기에 대한 열정'과 '운'이 만나는 지점에

묻혀 있다.

운이 좋아 돈을 번 사람도 있다. 우리는 그들을 졸부라고 한다. 그들도 운이 나빠질 때가 있다. 그때가 그들이 망하는 날이다. '운'은 우리가 관리할 수 없다. 그래서 운運, fortune이다. 하늘에 맡길 뿐이다. 맡기고 기다린다는 겸허함 역시 인간이 배워야 할 가장 아름다운 것 중의 하나이다.

그러나 '자신에 대한 열정'은 각 개인의 몫이다. 열정을 가진 사람들이 다 부자는 아니다. 그러나 졸부가 아닌 '이유 있는 부자'들 중에 열정을 가지지 않은 사람은 아무도 없다. 세상 속에 자신을 우뚝 세운 수많은 21세기의 영웅들 속에 세상과 자신에 대한 열정을 가지지 않은 사람은 아무도 없다.

빌 게이츠는 골통이고, 리처드 브랜슨은 미친놈 같고, 테드 터너는 상인에 불과하고, 조지 소로스는 투기꾼이라는 비난을 받고 있다. 그리고 바디샵의 아니타 로딕은 경영이라곤 제대로 배워보지 못한 여자이지만 세계 곳곳에 매장을 가지고 있다. 그들은 이구동성으로 자신이 추구한 것은 돈이 아니며, 자기들은 열정이 시키는 대로 했을 뿐이라고 말한다.

그들은 돈이 흐르는 길목에서 기다린 사람들이며 물결을 거슬러 오른 고기들이다. 과거의 최선이 아니라 새로운 최선을 만들 수 있다고 믿고 있는 사람들이다. 그들은 때때로 악마와 같지만, 자신의 삶에 열정을 가진 사람들이다.

열정을 가지고 평생 그 길을 걸은 사람이 아직 부자가 되지 못한 이유가 있다면, 아직 '자신의 날'이 되지 않았기 때문이다. 나는 이 기다림을 자신에 대한 신뢰라고 부른다. 어떤 사람들은 이 세속적인 기다림을 승화시키기도 한다. 그들은 자신의 진정한 부富는 '모으는 것이 아니라 베푸는 것'이라고 생각한다. 베풂 역시 열정이다. 다른 사람에 대한 열정이다.

풍요로움은 쌓아두고 즐기기만 하면 몇몇 사람들의 물질적 독점물에 지나지 않는다. 그러나 나누고 베풀게 되면 사회적 공유물이 된다. 이때 어느 누구도 그로부터 그의 재산을 빼앗아 갈 수 없다. 죽어서도 그는 위대한 부자로 남게 된다. 마더 테레사처럼 풍요로운 사람을 본 적이 있는가?

빈곤과 풍요로움 사이에 존재하는 것은 열정이다. 자신과 삶과 일에 대한 열정, 그리고 다른 사람에 대한 열정을 가지고 있는 사람들은 부유한 사람들이다.

자기 혁명:
잃어버린
열정을 찾아서

자기 혁명은 자신에게 잃어버린 열정을 찾아주는 것이다. 다 죽은 마음의 잿더미 위에 장작을 쌓고 불씨를 찾아 불을 싸지르는 것이다. 그리고 그 위에 솥단지를 걸고 따끈하고 시원하며 눅진한 '거시기'를 만들어내는 것이다.

거시기의 이름은 바로 인생이다. 돈 냄새가 날 수도 있고 베풂의 그윽한 맛을 낼 수도 있다. 그 밖에 무엇이든 당신 특유의 맛과 향내를 가미할 수 있다.

오직 당신만이 그것을 만들어낼 수 있다. 왜냐하면 당신의 인생이기 때문에.

첫 번째 삽화
남보다 우월하기 위해서는 모범적이어서는 안 된다.

나이키의 창립자 필 나이트Phil Knight는 자신이 반드시 지켜야 하는 몇 가지 계명을 가지고 있다. 그중 하나는 "남보다 우월하기 위해서는 모범적이어서는 안 된다"는 것이다.

이 말은 삐딱한 반항아가 되라는 말 이상의 의미를 갖는다. 세상이 수용하고 있는 기존의 패러다임을 따르다가는 한 번도 세상을 앞설 수 없다는 말이다. 세상과 문명의 틀을 넘어서라는 것이다. 나이키의 좌우명처럼 "일단 한번 해보라Just Do It"는 것이다.

필 나이트는 대학 시절 중거리 달리기 선수였다. 그러나 성적은 중간에 지나지 않았다. 졸업 후 그는 달리기 선수가 되지는 못하였다. 그러나 달리기 선수였을 때 느꼈던 신발에 대한 관심이 그를 신발업계에 뛰어들게 했다.

1964년 500달러의 자본금으로 '블루리본 스포츠'라는 회사를 설립했다. 포틀랜드 외곽에 있던 이 회사는 벽만 있는 허름한 매장이었다. 최초의 상표 이름은 '타이거'였다. 주말이 되면 초록색 소형 트럭을 몰고 전국의 신발업자를 찾아다니며 신발을 팔곤 했다. 아디다스 판매사원들의 비웃음을 받으며, 그는 첫해에 겨우 1,300켤레를 팔았다.

그러나 15년 후, 1980년에는 아디다스를 제치고 미국 내에서 판매 1위를 차지하였다. 30년이 채 못 되어 1993년에는 1억 켤레를 돌파하였다.

사업은 끓는 기름과 같다. 냉정하게 차가워 보이지만 속은 이기기 위해 펄펄 끓고 있다. 스포츠 역시 마찬가지이다. 필 나이트는 올림픽을 '평화의 축제'라고 부르지 않는다. 그렇지 않다는 것을 잘 알고 있기 때문이다. 그는 올림픽을 '결투의 예술'이라고 부른다. 그리고 그 속에서 물결을 거슬러 오르는 승리자들을 찾아내어 사업에 연결시킨다. 그는 모든 승리자에게 찬사를 보낸다. 승리자들은 약간은 미쳐 있다. 미쳐 있다는 것, 뜨겁다는 것, 그것이 모든 승리자들의 공통점이다.

나이키는 신발을 파는 것이 아니라 열정을 판매한다고 말한다. 그들은 선수들의 발만을 원하는 것이 아니라고 말한다. 그들이 원하는 것은 승리자들의 영혼을 상품화하는 것이다. 나이키 신발의 디자인은 공격적이다. 마치 악마의 전사가 착용한 강력한 무기를 연상하게 한다. 이것은 기존 신발의 틀에 반항하는 아웃사이더의 신발이다. 자연스럽게 어떤 정신, 즉 "인생에서 이루지 못한 것들에 대한 변명은 집어치워라"는 저항의 메시지를 전달하려 한다. 그리고 성공했다.

삐딱하다는 것은 무절제하다는 것이 아니다. 그것은 외부 세계의 질서보다 자기 세계의 질서에 더 충실하다는 뜻이다. 그러므로 자기 세계의 존재를 가정한다.

예를 들어 스포츠 스타 중에 자기에게 도전하고 스스로의 한계에 도전하지 않은 사람들은 없다. 자신에게 열정을 가지지 않은 스타란 없다. 그들의 관심은 자기 자신이지 세상이 아니다. 그들은 자신의 정점에서 세상과 만나고, 그때 세상은 그들을 스타라고 불러준다. 그들은 자신의 분야에서 최고이다.

아이러니컬하게도 나이키 신발을 신고 자신이 그 스타가 된 듯이 건들건들 걷는 사람들은 허약한 추종자들에 불과하다. 단지 유행을 따름으로써 자신을 소거하고 남이 되고자 하는 것이다. 남이 됨으로써 평범한 길을 선택한다. 저항적 개성을 추구하지만, 그들이 선택한 것은 패거리 속에서의 안심에 불과하다.

그러므로 필 나이트를 잘 이해하는 길은 10만 원쯤 내고 나이키 신발을 사서 신는 것이 아니다. 오히려 자신의 영역에 의미와 철학을 집어넣음으로써 세계 최고의 직업을 만들어내는 것이다. 그것이 무엇이어도 좋다.

필은 자신의 인생을 신발에 걸었지만, 우리는 다른 것에 걸 수도 있다. 만화일 수도 있고 책일 수도 있다. 게임 프로그램일 수도 있고 노래일 수도 있고 어학일 수도 있다. 전기 배선일 수도 있고 용접일 수도 있으며, 도색일 수도 있다. 김밥일 수도 있고 김치일 수도 있다. 꽃일 수도 있고 약초 재배일 수도 있다.

그대가 열정을 가지고 있는 바로 그것에 모든 것을 걸어라. 몸도 마음도 영혼도 시간도 모두!

두 번째 삽화

직원들이 흥분과 열정으로 일할 수 있는 장소를 제공하는 것
이 경영이다.

"회사를 만들어 처음 시작했을 때, 가장 도움이 된 것은 내
가 경영대학원을 나오지 않았다는 사실입니다."

바디샵의 창업자인 아니타 로딕Anita Lucia Roddick이 한 말이
다. 경영자들은 '기업이 하는 일은 사업'이라고 규정한다. 주주
를 기쁘게 해주어야 하고 많이 팔고 많이 벌어야 한다.

그러나 경영대학원을 나온 적이 없는 아니타는 기업의 역할
을 아주 엉뚱하게 정의한다. 기업의 일은 조직을 활력으로 가
득 차게 하고 숨 가쁘게 흥분시키는 것이며, 근로자를 보호하
는 것이며, 사회의 선을 구현하는 힘의 주체여야 한다는 것이
다. 주주의 이익은 그다음에 생각할 문제이다.

아니타 로딕은 34살이 되던 해인 1976년에 영국의 작은 항
구 브라이튼의 골목길에 재활용 플라스틱 용기에 담긴 15가지
화장품을 판매하는 가게를 열었다. 남편이 남아메리카에서 말
을 타고 여행하는 동안, 홀로 빈방을 지키게 된 자신을 위로하
기 위해 시작한 가게였다. 20년이 지난 후 바디샵은 약 50개국
에 1,500개의 매장을 가진 기업으로 성장했다. 사회와 환경 문
제의 개척자라는 별칭을 얻게 된 이 기업은, 유엔 산하기관에

서 조사한 보고서에 의하면 1996년, 1997년 2년 연속 환경 분야 1위에 오르게 되었다. 겨우 6,500달러로 시작한 바디샵은 이제 브랜드 파워 세계 30대 기업에 끼게 되었다.

그녀는 사업을 통해 세상을 조금씩 나아지게 만들 수 있다고 믿고 있다. 언젠가 한번은 자신을 버리고 남을 위해 무엇인가를 할 수 있다고 믿고 있는 가톨릭 신자이다. 그녀가 가장 아름답게 생각하는 사람은 테레사 수녀이다. 자신의 일생을 어떤 일에 헌신한 사람이 되고 싶어 하기 때문이다. 그래서 그녀는 가톨릭 신자이지만 조직화된 기독교를 싫어한다. 껍데기를 받아들일 수 없기 때문이다. 그녀는 기존의 질서에 저항하고 소비사회 속에서 새로운 표준을 만들어내려고 한다.

화장품 회사를 경영하지만 미인들을 광고에 등장시키지 않으며 동물을 실험 대상으로 사용하지도 않는다. 멕시코나 남아메리카의 원주민들과 함께 자연 속에서 새로운 화장품과 욕실용품의 원료를 찾아내는 자신의 모습, 그 원료를 자신의 몸에 직접 실험하는 모습을 담은 비디오들이 홍보용 광고가 된다.

그녀는 일상 속에 의미를 부여하고 세상을 변화시키려는 로맨티스트이다. 사람들이 바디샵에서 립스틱 하나를 살 때, 자기들이 환경 보호에 참여하고 있다는 양심도 함께 사도록 만들어준다.

한때 교사이기도 했던 아니타 로딕은 자유로운 1960년대의 히피였다. 자아 실현이라는 쾌락주의적 요소를 증오하는 보수주의자들은 이해할 수 없겠지만, 세상의 그림자들에 대한 저항을 통해 세상을 개선할 수 있다는 믿음은 전혀 공익과 배치되지 않는다는 것을 그녀는 증명해주고 있다.

그녀는 화려한 정원이 딸린 아름다운 집에 살고 있지만, 돈이 자신을 타락시킬까 봐 무척 걱정한다고 한다. 그녀는 프롤레타리아의 역할을 이해하고 있으며 기업의 사회적 역할을 잊지 않으려고 애를 쓴다.

그녀는 현재의 경제계가 감정을 가지고 있지 않으며, 지나치게 남성적이라고 불평한다. 감정을 표현하지도 않고 칭찬하거나 껴안고 입을 맞추지도 않는다고 툴툴거린다. 지도적 위치에 있는 여성들이 당연히 남성화되어가는 것도 마음에 안 든다. 그녀는 자신이 따뜻한 마음의 소유자이며 여성적인 면을 간직하려고 애쓴다고 한다. 성적인 균형과 긴장이 기업 속에도 따뜻한 감정이 흐르게 할 것이라고 믿고 있다.

그녀는 만지고 느끼고 맛보고 냄새 맡는 것을 좋아한다. 아침에 일어나 눈을 뜨면, "아, 아직 내가 살아 있구나. 또 하루가 주어졌구나. 아, 감사합니다" 하는 고마움을 느낀다고 한다. 하루하루가 마지막이라는 느낌, 아침마다 또 하루를 선물 받았다는 느낌으로 살아가는 이 조그만 여자에게는 삶이 곧 열정이다.

우리는 자기 내면의 이름을 찾아야 한다.

미국에서 가장 유명한 트렌드 연구가이며 마케팅의 노스트라다무스라고 불리는 페이스 팝콘Faith Popcorn의 원래 이름은 페이스 플로트킨이다. 팝콘은 영화를 볼 때 먹는 바로 그 옥수수 뻥튀기를 말한다. 그녀는 자신의 어려운 이름을 모든 사람이 알고 있는 이름으로 바꾸어버렸다. 페이스는 다른 사람으로부터 물려받은 이름으로 세상을 사는 것을 거부했다. 그녀는 이렇게 말한다.

"우리는 자기 내면의 이름을 찾아야 해요. 현재의 이름이나 하는 일에 어쩔 수 없이 순응하고 살아야 한다고 믿으면 안 되죠. 이런 혁명은 나이하고는 아무 관계가 없어요."

얼굴은 하얗게 화장을 하고, 입에는 붉은 립스틱을 발랐다. 그녀는 끊임없이 자신을 뛰어넘으려고 애쓰는 것 같다. 그리고 세상을 변화시키고 싶어 한다. 그녀는 사람들에게 놀라운 동화를 들려주는데, 그것은 과거의 이야기가 아니라 앞으로 다가올 미래의 이야기이다. 겉으로 보기에는 뉴욕의 거리를 휩쓸며 트렌드를 찾아내는 것 같지만, 사실은 자기 자신 속에서 그 트렌드의 소재를 발견한다. 그녀에게 있어 트렌드란 혼동의 세계에 존재하는 일종의 질서인 것이다. 다양하고 한눈에 보이지 않는 세상과 인생을 누구나 이해할 수 있는 간단한 수식어로 정리한 것이 바로 트렌드이다. 페이스 팝콘은 일상에서 발견한 진부한 사물에 의미를 주입하여 세상에 내놓는다.

상품과 유행이라는 세속화된 세상에서 그녀는 미래를 예언하는 신의 전령의 역할을 맡고 있다고 자임한다. 예언자가 존재하는가? 닳고 닳은 노쇠한 사업가들이 그녀의 서비스에 대한 대가로 거액을 선뜻 지불하는 까닭은 무엇일까? 사람은 미래를 보고 싶어 한다. 돈은 미래를 먼저 냄새 맡는 사람의 것이다. 사업가들은 이 사실을 잘 알고 있다.

그러나 현재의 자료로 신빙성 있는 시장 예측을 할 수는 없다. 그래서 페이스 팝콘의 비합리적 방법이 경쟁력을 가지게 되는 것이다. 하나 더 이유를 든다면, 사업가들 역시 의미를 찾고자 한다. 신발을 몇억 켤레 만들어 팔거나, 자동차를 수천만 대 만들어 판 것이 자신을 위해 무슨 의미가 있는가? 컴퓨터를 만들고, 거의 모든 컴퓨터에 탑재된 소프트웨어를 만들어내는 일이 돈 말고 어떤 의미를 가진 것인지 알고 싶은 것이다. 사람들은 평생 동안 자신이 애써 해온 일들에 대해 어떤 의미를 찾고 싶어 한다. 그들은 돈만 많은 수전노가 되고 싶지는 않은 것이다.

이때 팝콘은 그들이 만들어낸 생활용품에 '시대 정신'이라는 잉여 가치를 붙여준다. 사업가는 거대한 세계사의 일부라는 자부심을 가지게 되고, 자신의 성공을 자신의 생활 태도와 결부시켜 팔고 싶어 한다. 그들은 의미를 통해 새로운 시대의 영웅이 되는 것이다. 페이스 팝콘의 힘은 바로 여기서 나온다. 그녀는 '철학이 장사에 도움이 된다'는 것을 누구보다 잘 알고 있는 사람 중의 한 사람이다.

그녀는 자신의 사업을 "사람들이 최고의 미래를 만들도록 도와주는 것"이라고 규정한다. 그녀는 "당신이 생각하고 있는 것이 바로 당신"이라고 주장한다. 인생은 사람들의 마음속에서 만들어지는 것이다.

어린 시절 중국의 상하이에서 자란 적이 있는 그녀는 스스로의 인생에 주술을 건다. 그녀는 다른 사람이 만들어주는 대로 살지 않는다. 이름마저도 자신이 좋아하는 것으로 골라 사용한 것을 보면 금방 알 수 있다. 마법을 통해 그녀는 현재의 자신보다 더 나은 사람이 되려고 노력한다. 그리고 다른 사람에게도 그렇게 하라고 권한다. 스스로를 변화시키고 세상을 바꾸어보라고 말한다. 진부한 일상에 의미를 부여하고, 그 의미로부터 미래를 읽으라고 충고한다. 그리고 그 미래의 어딘가에 먼저 가 있으라고 말한다. 바로 이때 당신은 성공을 클릭한 것이다.

네 번째 삽화

물결을 거슬러 오르는 것이 바로 인생이다.

영국의 여왕은 엘리자베스이고, 영국의 황태자는 찰스이며, 영국의 사업가는 리처드 브랜슨Richard Branson이다. 적어도 영국 인들은 그렇게 생각한다고 한다. 영국의 주부들이 사윗감으로 최고로 치고 있는 남자이기도 하다. 말썽쟁이였던 그는 20살에 '버진'이라는 음반 가게를 차렸다.

1972년 당시 거의 무명이던 마이크 올드필드의 '튜불라벨 Tubular Bells'이라는 음반을 녹음하여 그다음 해에 500만 장이나 팔았다. 그는 하루아침에 부자가 되었다. 그는 편안하게 살고 싶지 않았다. 그래서 번 돈으로 더 큰 돈을 벌러 나섰다. 여행 사, 호텔, 방송국, 항공사, 식음료, 금융 사업 등에 뛰어들었다. 그리고 버진 제국을 건설하였다.

그의 경영 방식을 이해하기 위해 한 예를 들어보기로 하자. 1984년에 그는 버진 애틀랜틱을 설립하였다. 그리고 거대한 기 업인 브리티시 에어웨이에 도전장을 냈다.

당시 그는 자신의 한 항공기 이름에 '프레디 경의 정신'이라 는 이름을 붙여주었다. 프레디 경은 브랜슨이 항공 사업에 뛰 어들기 몇 년 전에 브리티시 에어웨이가 장악한 항공 사업에 뛰 어들었다가 비참하게 실패한 사람이었다.

그는 실패자의 정신을 높이 샀다. 브랜슨은 실패를 두려워하지 않으며, 물러서지 않는다. 그는 이 불리한 경쟁에서 이길 수 있는 방법은 가격이 아니라는 것을 알아내었다. 그는 서비스의 품질로 승부를 걸었다. 예를 들어, 버진 애틀랜틱의 승객들은 장거리 여행에 지친 어깨를 마사지해주는 서비스를 제공받는다. 기내 직원이 브랜슨과 똑같은 모습을 하고 나타날 때도 있다.

이런 공세에 위협을 느낀 브리티시 에어웨이는 최악의 수를 두었다. 그들은 버진 애틀랜틱의 예약자 명단을 빼내어 그 고객들에게 특별한 제의를 하고 브리티시 에어웨이를 이용하도록 했다. 브랜슨은 고소를 했고, 화해하지 않았다. 소송은 몇 년간 계속되었으며, 그동안 버진 애틀랜틱의 명성을 널리 알릴 수 있게 되었다.

리처드 브랜슨은 사업에서만 극적이고 도전적인 것이 아니다. 그의 인생 자체가 도전이다. 1987년에는 열기구를 타고 대서양을 횡단했고, 1991년에는 태평양을 횡단했다. 그는 도전을 통해 배운다. 한계를 넓히고 새로운 것을 배우고 익힌다. 이런 인생이 그를 발로 뛰는 경영자로 만들었다.

그의 회사에는 책상도 없고 비서도 없다. 늘 사무실 여기저기를 돌아다니며 직원들을 만나고 중요한 것은 적어둔다. 다른 경영자들이 직원 수를 늘리는 것을 성장이라고 생각할 때, 그는 직원들이 느끼는 것을 감지하기 위해 현장에서 시간을 보낸다.

그에 의하면, 집무실에 가만히 앉아 있는 사장은 죽은 사람이다. 그는 직원을 주시한다. 옷도 편하게 입도록 하고, 최적의 환경을 만들어주려고 애를 쓴다. 그들이 실수할 수 있는 자유를 인정한다. 늘 직원들의 말에 귀를 기울이고, 사장실 문을 언제나 열어놓는다. 그래서 아이디어가 있는 사람은 그를 즐겨 찾아온다.

그것이 그의 힘이다. 그는 양이 아니라 질을 중요시한다. 그는 덩치가 커지는 것을 경계한다. 커지면 관료적으로 변하게 마련이다. 그의 회사는 모두 작고 기민하다. 일단 커져서 관료적으로 변하면 사업부를 떼어내어 독립시킨다. 작지만 멋진 회사 두 개가 생겨나게 된다. 그리고 전에는 직원이었던 사람이 이제는 사장이 된다. 이 회사들이 다시 커지면 그때 또 분할을 한다. 그러면 네 개의 작고 기민하고 의욕에 불타는 회사가 생겨난다. 이것이 그의 방법이다.

이제 힘이 생긴 그는 이렇게 말한다.

"내가 사업을 시작했던 것은 결코 돈을 벌기 위해서가 아니었습니다. 도전하고 싶었고, 내가 남들보다 더 잘할 수 있을 것이라고 느꼈기 때문입니다. 지금도 어떻게 돈을 끌어들일까 하고 궁리를 하지는 않습니다. 돈을 좇는 것보다는 이러한 태도를 갖는 것이 성공의 가능성이 훨씬 높습니다. 일단 성공하게 되면 자신이 지금 가지고 있는 위치와 영향력을 세계를 개선하는 데 쓸 줄 알아야 합니다."

그 역시 인류의 진보를 믿는 열정적 인간이다.

열정은
기묘한 기쁨을
전염시킨다

　나는 많은 기업에서 강연을 해왔다. 강의장에 도착하면 먼저 그 강의를 진행하는 실무자의 안내를 받아 그 회사의 책임 중역과 함께 사장과 간단히 차를 한 잔 나누는 것이 보통이다. 이 과정에서 나는 그 회사가 어떤 기업인지에 대한 느낌을 가지게 된다. 강의장에 들어서면 그 느낌에 대한 검증이 이루어진다. 처음 나를 쳐다보는 청중과 만나는 순간, 내가 어떤 수준의 집단과 만나고 있는 것인지 확인할 수 있다.

　얼마나 훌륭한 강연인가는 강사와 청중의 암묵적 관계 속에서 결정된다. 청중이 가지고 있는 태도에 따라 그날 강연의 난이도가 결정된다.

　어느 날 아침, 지치고 무기력하고 무관심한 청중을 만나게 되면, 그날 나는 재수 옴 붙은 날이 된다. 내 속에 있는 모든 에너지를 끄집어내어 쓰지 않으면 안 된다. 나의 열정으로 그들의 관심을 잡아 와야 한다. 이런 상황에서는 10분도 길고 피곤한 시간이 된다. 그들이 깨어나기까지 총력을 기울이지 않으면, 그들에게나 내게나 그날의 만남은 서로에게 낭비에 불과한 것이 된다.

그러나 이미 충분히 열정적으로 준비된 청중도 있다. 그들은 시작하기 전부터 우리가 훌륭한 만남을 즐기고 있다는 것을 보여준다. 열정은 기묘한 전염성을 가지고 있다. 그런 청중을 만나면 나는 10시간이라도 쉬지 않고 떠들 수 있다는 기쁨으로 시작한다.

나는 인간이 가장 중요한 자산이라는 말을 확실하게 믿고 있다. 어떤 기업의 건물 안에 들어서면 이미 그 기업의 수준에 대한 감이 전해진다. 그리고 그 감은 거의 틀리지 않는다. 좀 더 자세하게 서류와 자료를 들여다볼 기회를 가지게 되었을 때, 나는 놀랍게도 최초의 감이 거의 정확하다는 것을 늘 확인하게 된다.

어떤 사람은 이것을 편견이라고 주장할지도 모른다. 다시 말해 이미 사람에 대한 편견을 가지고 있기 때문에 서류와 자료의 해석에도 그 편견이 작용했을 것이라는 추측이다. 그러나 나는 6년 동안이나 조직의 진단과 평가를 맡아온 컨설턴트였다. 그리고 15년 동안 변화경영 분야에서 종사해왔다. 나는 이미 정해진 모델에 따라 객관적인 진단과 평가가 이루어지도록 훈련받고, 현장에서 다른 전문가들과 한 팀이 되어 객관적 평가를 수행해온 전문가이다. 그리고 함께 간 다른 전문가들의 진단 결과와 나의 진단 결과는 허용 한계를 벗어날 만큼 다른 적이 없다.

조직은 결국 인간이 만들어내는 것이다. 인간은 이성적인 존재이지만, 그 이상의 존재이다. 좋은 조직에는 반드시 공통적으로 존재하는 것이 있다. 그것은 열정이다. 열정은 다른 사람에게 그대로 감지된다.

열정은 힘이다. 누가 무엇을 하고 있건 그 일을 더 잘할 수 있다는 감정이 늘 존재하는 조직이 있다. 그 속에 들어서면 우리는 곧 감염된다. 테크닉은 중요하지 않다. 배우면 된다. 가르치는 것도 쉽다.

그러나 싸움은 90% 이상이 태도에 따라 달라진다. 싸우는 법을 알고 있지만 싸우려 하지 않는 사람들을 데리고는 어떤 리더도 승리할 수 없다. 게임으로 우리를 불러들이는 것은 지식이다. 알고 있으면 참여하게 된다. 그러나 승리는 지식의 문제가 아니다. 승리는 열정의 문제이다. 열정은 싸우기 전에 이미 승리를 결정한다. 열정은 사람과 사람, 사람과 일을 연결하는 접합체이다. 그것은 우리로 하여금 헌신하게 한다. 헌신은 누군가가 받기로 되어 있는 것 이상을 얻게 해준다. 헌신적인 고객을 얻고 싶다면 헌신해야 한다. 일이 그대의 즐거움이 되려면, 그 일에 빠져야 한다. 열정은 열정 그 자체로 보답한다. 그대가 무엇을 해도 좋다. 그러나 열정이 없이는 그 일을 아주 잘 할 수 없다.

나는 뜨거운가?

연탄재 함부로 발로 차지 마라.

너는

누구에게 한 번이라도 뜨거운 사람이었느냐?

안도현, 〈너에게 묻는다〉

그러므로 또 이렇게 물어보라.

한 번이라도 나는 자신에게 뜨거운 적이 있었는가?

앞으로 한 번은 스스로에게 그런 기회를 줄 것인가?

그것은 언제인가?

다른 글에서도 인용했지만, 나는 내가 게을러졌다고 여길 때마다 다음과 같은 말들을 떠올린다. 그러면 정신이 번쩍 난다. 번역가이며 작가인 이윤기는 스스로에게 이렇게 말한다.

"하고 있는 일, 살고 있는 삶에는 지금 네 피가 통하고 있는가? 너는 지금 하고 있는 일의 품삯이 아닌, 일 자체, 그 일의 골수와 희로애락을 함께하고 있는가?"

우리는 인생을 치열하게 살아가는 사람들에게서 배워야 한다. 미쳐야 한다. 적어도 미치지 못하는 자신 때문에 미쳐야 한다. 마리아 칼라스는 말한다.

"자신이 종사하는 분야에 모든 것을 내놓아야 한다. 그렇게 할 수 없다면 그 분야를 떠나야 한다. 타협이란 있을 수 없다."

중국의 위대한 선사인 임제는 이렇게 말했다.

"부처를 만나면 부처를 죽이고, 조사를 만나면 조사를 죽이고, 나한을 만나면 나한을 죽이고, 그가 부모일지라도 죽이고, 친척 권속이라 해도 죽여라. 그래야 비로소 최상의 자유인 해탈에 이를 수 있다. 그때 그대는 아무것에도 구애받지 않고 완전히 자유로운 인간이 될 것이다."

이것은 끔찍하고 잔인한 말이다. 나는 그를 배우지 못할 것이다. 그러나 나는 한 인간의 구도의 자세를 존경한다. 진리를 깨치는 일, 참 자기를 발견하는 것에 모든 것을 바친 사람의 마음을 읽을 수 있다. 그리고 그의 마음을 잊지 않으려고 한다.

이 단계에서 해야 할 일 ①

마음에 드는 좋은 노트 한 권을 사라. 종이와 연필만큼 위대한 지적 수단은 없다. 이 노트의 첫 장을 자신의 모든 것을 담은 솔직한 재능의 이력서를 쓰는 것으로부터 시작하라. 솔직하다는 뜻은 당신만 알고 있는 비사祕史에 기초하라는 뜻이다. 부끄러움, 수치, 죄책감, 자랑, 긍지 등 온갖 감정적 족쇄로부터 자유로워져라. 마음을 풀어놓고 시작하라. 기억의 창고에서부터 온갖 세세한 것을 불러오라. 그리고 당신이 알아볼 수 있도록 정리하여 기록하라. 재능의 이력서에는 다음과 같은 내용이 중심을 이루도록 하여야 한다.

첫째, 당신이라는 강이 흐르기 시작한 시원始源을 먼저 생각해보라. 아버지는 어떤 분인가? 그분은 어떤 기질과 재능을 가지고 계셨는가? 당신의 핏속에 흐르는 그분의 피는 어떤 것인가? 또 어머니는 어떤 분인가? 이 두 분이 당신만 한 나이였을 때, 그분들이 바라던 것은 무엇이었을까?

둘째, 이제 당신의 기질과 재능과 취미에 대하여 정리해보자. 자신을 데리고 오래된 과거, 그러나 당신의 마음 깊이 숨어 있는 아직 살아 있는 과거로 가보자. 먼저 초등학교 다닐 때 가장 잘했던 일, 그리하여 칭찬을 받았던 일 중에 어떤 일을 아직도 기억하고 있는가? 중학교나 고등학교를 다닐 때 가장 잘했던 일은 무엇인가? 그리하여 남들로부터 부러움을 산 일은 무엇인가? 학교 졸업 후 지금까지 가장 잘한 일, 그리하여 부러움을 사고 있는 일은 무엇인가? 아주 작은 일이라도 찾아내라. 오래된 일인데 아직도 기억하고 있다면, 아무리 작아 보여도 결코 자신에게는 작은 일이 아니다.

셋째, 현재 나의 직업에 대하여 생각해보자. 그리고 정리해보자. 어떤 직무이든 100% 좋거나 100% 싫은 일은 없다. 싫은 부분도 있고 괜찮은 부분도 있게 마련이다. 현재의 직무를 구성하는 기본 활동들을 몇 개의 부분으로 나누어보라. 예를 들어 '사원 복리 후생 프로그램 개발'이라는 직무는, 직원으로부터 피드백을 받는 활동, 다른 복리 후생 프로그램을 벤치마킹하는 활동, 복지 후생 요소를 비용과 연결시켜 비교 분석하는 활동, 프로그램을 디자인하는 활동, 만들어진 프로그램을 소개하고 홍보하는 작업 활동 등으로 나누어볼 수 있다. 일은 이렇게 여러 과제들이 모여 정해진 방식과 순서에 따라 진행되는 것이 보통이다. 당신이 현재 맡고 있는 직무 중에서 가장 좋아하는 활동 과제 두세 가지를 써보라. 그리고 그것이 끝나면 가장 싫어하는 활동 과제 두세 가지를 써보라. 당신의 일이 자신의 재능과 능력 그리고 취향과 얼마나 어울리는 과제인지 알게 되는 데 도움을 줄 것이다.

넷째, 내가 하고 싶은 일에 대하여 정리해보자. 먼저 초등학교 때 가장 하고 싶었던 직업 세 가지를 써보라. 중·고등·대학교 때 가장 하고 싶었던 직업 두 가지를 써보라. 지금 가장 하고 싶은 직업 한 가지를 써보라.

2장

골수 속에 있는
자신의 것만 남기고
다 버려라

'누가 비범한가?'라는 질문은 잘못된 것이다.
'어디에 비범성이 있는가?'라고 물어야 한다.

하워드 가드너 Howard Gardner

능력은 모자라지만
많은 것을 성취한
평범한 사람

미국 시간으로 2000년 10월 14일, 뉴저지주 아틀랜틱시티 보드워크 컨벤션센터에서 미스 아메리카 선발 대회가 열렸다. 눈부신 미인들이 많기도 했지만 사람들은 미스 아이오와인 테레사 우치틸에게 눈길을 쏟았다. 소매 없는 드레스를 입은 그녀의 왼쪽 팔에는 손이 달려 있지 않았다. 이제 24살인 그녀는 날 때부터 왼쪽 손이 없는 장애인이었다.

우치틸은 6살 때부터 봉 돌리기를 했고, 아이오와대학교 재학 당시 고적대의 맨 앞에서 지휘봉을 돌렸다. 그리고 1997년 봉 회전 세계 선수권 대회에서 우승까지 했다. 대학에서 전산을 전공한 그녀는 학장상을 받고 졸업했고, 게이트웨이 컴퓨터사에서 프로그램 매니저로 일하고 있다. 그녀는 2000년 6월 미스 아이오와주 선발 대회에 참가했고, 심사위원들은 그녀를

'진정한 아름다움과 용기'를 가진 아이오와 최고의 미인으로 선발했다.

　ABC 방송을 통해 미국 전역에 생중계된 미스 아메리카 선발 대회에서 그녀는 심사위원들에게 이렇게 말했다.

　"나는 장애인도 뭐든지 할 수 있다는 것을 보여주기 위해 이 자리에 선 것이 아니다. 단지 누구나 자신이 원하는 것을 얻을 능력이 있다는 것을 알려주고 싶었다. 나는 능력은 모자라지만 열심히 노력해서 많은 것을 성취한 평범한 사람이다."

　그날 그녀는 입상하지 못했다. 그러나 사람들은 그녀에게 누구보다 많은 뜨거운 박수를 보냈다. 아름다움은 감동이다. 가슴을 흐르는 전율 없이 그것은 전달되지 않는다. 인간이 주어진 시간 안에서 어떻게 자신을 만들어가는지를 보는 것은 감동적이다.

　나는 어떤 이야기보다도 인간의 이야기를 좋아한다. 그 이야기보다 감동적인 것은 없다. 그 이야기는 천재들의 좌충우돌하는 전횡도 아니고 특이한 사람들의 무협담도 아니다. 한 평범한 사람이 무기력과 좌절 속에서 자신을 찾아가는 이야기이다. 그것은 눈물이며 속 깊은 고백이다. 아무도 없는 벌판의 외로움이며, 시뻘건 열정이요, 자신에 대한 한없는 사랑이다. 그리고 그것은 다른 인간들과의 격의 없는 만남이며 배움이며 베풂이다.

평범한 사람과 비범한 사람이 따로 있지 않다. 그들은 같은 사람이다. 달라진 것이 있다면 인생에 대한 태도뿐이다. 내가 아닌 남이 되는 것을 포기하는 그 순간부터 우리는 승리하기 시작한다. 비범한 사람은 자신의 체험으로부터 배운다. 자신의 재능을 알아내는 순간부터 그들은 화려하게 변신한다.

자기가 모든 근본적 변화의 시작이다. 돈에 투자하면 딸 때도 있고 잃을 때도 있다. 그러나 자신에게 투자하면 절대로 잃는 법이 없다.

우리는 오직
다를 뿐이다

앤디 워홀Andy Warhol은 다음과 같이 말한 적이 있다. "작품을 감상할 때 우리는 360도를 돌아가며 본다. 인생을 살며 한가지 문제가 있다면, 삶도 그렇게 보아야 한다는 사실을 잊어버리는 것이다."

다양한 사람들이 다양한 삶을 살고 있다. 우리는 다르다. 오직 다를 뿐이다. 우열이 있지 않다. 다르다는 것을 인식하는 것이 곧 우리 마음속에 들어와 버티고 있는 '다른 누군가'를 내보내고 나를 받아들이는 첫걸음이다. 이것은 또한 '나와 다른 사람'과의 원만하고 매력적인 관계를 유지하는 우선적 기초가 된다. 몇 가지 간단한 삽화를 참고해보자. 여기 나온 삽화들은 폴 티저Paul D. Tieger의 《성격을 읽는 법》에 소개된 예문들을 바탕으로 재각색한 것임을 밝혀둔다.

첫 번째 삽화

그에게는 절친한 친구가 있다. 그러나 그들의 교제를 가만히 보면, 친구가 주로 전화를 거는 편이고 그는 주로 받는 때가 많다. 그렇다고 전화를 주로 받는 그가 친구보다 우정이 약해서는 아니다. 사실 둘이 있을 때 그는 다른 친구를 배려하고 격려하는 데 인색하지 않다. 그가 친구에게 자주 전화하지 않는 이유는 그의 생활 자체가 매우 독립적이며, 사람과의 빈번한 교제보다는 자신과의 깊이 있는 대화를 중요하게 생각하기 때문이다.

그는 내향적인 사람이다. 사람을 만나고, 새로운 관계를 만들어내고, 그들의 말을 들어주고, 설득하는 직업은 그에게 맞지 않는다. 예를 들어 내향적인 그가 영업을 맡아서 한다든가 여행안내원을 한다든가 창구의 접수원으로 일해야 한다면, 그는 심신의 피로와 좌절을 날마다 겪어야 할 것이다. 오히려 그는 한 가지를 심도 있게 파헤쳐 들어가는 전문가에 적합한 사람이다.

외향적 성격의 사람은 생각하기 위해 말을 해야 한다. 말을 하면서 생각을 정리하고 다듬는다. 그러나 내향적 성격인 그는 머릿속에서 생각한다. 마치 오븐에서 빵을 굽듯이 머릿속에서 생각을 구워낸 다음에 표현한다. 외향적인 사람이 무슨 생각을 가지고 있는지 알아차리려면, 그들이 하는 말을 귀담아들으면 된다. 물어보지 않아도 주절주절 제 얘기를 하게 되기 때문이다. 반대로 내향적인 그가 무슨 생각을 하고 있는지 알고 싶으면 물어보아야 한다. 묻지 않는 한, 이야기하지 않는다.

두 번째 삽화

가을에 들길을 걸으면 보라색 쑥부쟁이가 많이 피어 있다. 어떤 사람은 쑥부쟁이를 한 번 보면 나중에 금방 그것을 묘사해낼 수 있다. 꽃잎의 색깔, 꽃잎의 개수, 잎의 모양과 크기 등을 마치 관찰하듯 생생하게 그려낸다. 그러나 그는 그럴 수가 없다. 쑥부쟁이를 보면 그저 어렸을 때 그가 살던 곳의 들길이 생각나고, 예쁜 이웃집 월희 생각이 난다. 보라색 꽃들이 가냘픈 줄기에 수없이 달려 바람에 한들거리는 들길의 모습만 보일 뿐, 꽃 하나하나의 모습은 희미하고 몽롱하다.

그는 감각 기관을 통해 정보를 받아들이는 대신 육감적으로 정보를 인식하고 받아들인다. 그는 직관적인 사람이다. 그래서 사소한 것에 신경을 쓰지 못한다. 현실적이고 실용적이기보다는 때때로 창의적이고 온갖 공상을 즐긴다. 그래서 그는 개혁적이고 늘 근본적으로 새로운 방법을 모색하는 경향이 있다.

대체로 감각적인 사람은 실리적이고 현실적이며 세부에 민감하다. 그러나 그들은 전체적 구도를 보지 못하는 경향이 있다. 그리고 실제로 존재하는 것을 인정하거나 믿지 않으려고 한다. 반대로 직관적인 사람은 커다란 그림을 떠올리고 그 속에 숨어 있는 의미를 파악하고 미래의 가능성을 믿는 경향이 강하다. 그러나 비현실적이고 비실리적이고 용의주도하지 못하다.

세 번째 삽화

그녀는 내일 충주에서 조금 떨어진 곳에서 열리는 세미나에 참석해야 한다. 마침 같은 직장에 다니는 남자 동료 한 사람도 그곳에 갈 일이 생겼다. 그는 그녀에게 함께 자기 차로 가자고 청했다. 혼자 가게 되면, 반포 터미널까지 가서 고속버스를 타고 충주에서 내려 세미나 개최 장소까지 또 택시를 이용해야 하기 때문에, 그녀로서는 거절해야 할 이유가 없는 제안이었다. 문제는 그녀가 그를 전혀 좋아하지 않는다는 점이다. 어쩌면 함께 차를 타고 간다는 것은 그녀가 그를 좋아하고 싫어하는 것과 아무런 관계도 없는 일인지 모른다. 그러나 그녀는 혼자 버스를 타고 가기로 결정했다. 싫어하는 사람과 함께 차를 타고 가는 것이 다른 의미를 주는 것 같아 싫었기 때문이다. 작은 편의를 위해 단 2시간이라도 웃어야 하고 이야기해야 하는 것이 위선처럼 여겨졌다.

그녀는 자신의 감정과 가치관을 중요하게 여기는 사람이다. 논리적이고 객관적인 상황에서 무엇이 가장 좋은 선택이라는 것을 모르는 것은 아니지만, 어떤 의사 결정을 할 때 반드시 주변의 상황을 개인화한다. 한 걸음 물러 나와 논리적이고 냉정하게 분석하는 대신, 그 결정이 자신의 감정에 어떤 영향을 줄 것인지, 그리고 상대방이나 다른 사람에게는 어떤 영향을 줄 것인지를 질문해본다. 그리고 자신의 마음과 가치관에 위배되면 어떤 손해도 감수할 준비가 되어 있다.

그녀는 감정적이고 정서적이다. 상대의 마음에 상처를 주지 않기 위해 선의의 거짓말을 하기도 한다. 그녀는 자신을 다른 객관적 상황으로부터 분리해낼 수가 없다. 모든 것을 개인화하여 그 의미를 따지고 정서적 감정을 부여하고 자신의 가치 기준에 따라 판단하고 의사 결정을 내린다.

네 번째 삽화

함께 식사를 하러 가면 그는 메뉴를 유난히 오래 본다. 다른 사람들은 식당에 오기 전부터 무엇을 먹을 것인지 이미 결정하고 오는 경우도 있고, 또 메뉴를 보며 금방 결정한다. 그래서 그들은 그가 주문을 끝낼 때까지 기다리는 것이 지루하다. 그러나 그는 아직도 웨이터에게 이것저것 물어본다. 재료가 무엇인지, 함께 따라 나오는 것은 무엇인지, 맛은 있는지 시시콜콜 물어본다. 간신히 주문해놓고, 웨이터가 돌아서자마자 다른 것을 주문할걸 하고 후회한다. 그들은 그가 답답하게 생각된다. 우물쭈물하고 늘 결정을 유보하고 느려 터진 데다가 결정을 곧 후회하고 번복하기 때문에 조직 인간으로는 적당하지 않다고 생각한다.

그는 정보를 계속 받아들이고 인식하는 본능적 충동이 강한 사람이다. 따라서 일정한 정도에서 문을 닫아걸고 결정을 내리거나 판단을 내리게 되는 상황에 처하게 되면 불안해한다. 그는 성급한 결정에 이를 수 있다는 것을 우려하고 더 나은 결정이 어디엔가 있을지도 모른다는 생각을 가지고 있다.

그는 정보를 수집하고 보관하고 활용하는 방법도 다르다. 그의 책상과 캐비닛은 언제 쓸지도 모르는 자료로 가득 차 있다. 미래의 사용을 위해 모아두기 때문이다. 늘 정리하고 깔끔하고 질서정연한 사람들이 볼 때, 그의 공간은 도깨비가 나올 만큼 너절하고 지저분해 보인다.

시간에 대해서도 매우 융통적이다. 자주 지각하고 정해진 업무의 기한을 준수하지 못하는 편이다. 그가 때때로 시간을 지키지 않는 것은 의무를 소홀히 해서라기보다는 단지 매 순간을 과정의 한 부분이라고 생각하여, 시간의 흐름을 쉽게 놓치기 때문이다. 분명한 결정보다는 적당한 회색 지대를 선호한다. 그는 짜여진 계급적 경직성이 강한 조직에서는 견디어내기 어려워한다. 자유롭고 반권위주의적이기 때문이다.

네 가지 삽화들은 우리가 매우 불완전한 사람들이라는 것을 다시 한번 생각하게 한다. 서로 다른 장점과 단점을 서로 다른 배합률로 섞어 가지고 있을 따름이다. 그러나 이것이 바로 나를 이루고 있는 기본적인 성향이고 기질이다.

부자들의 정체

《이웃집 백만장자》라는 베스트셀러를 쓴 토머스 스탠리 Thomas J. Stanley는 조지아대학교 교수였다. 지금은 부자들에 대한 이야기를 저술하고 강연을 한다. 다년간에 걸친 부자들에 대한 연구 결과로 그가 알아낸 진정한 부자, 그러니까 겉으로 화려하지만 속은 빚투성이인 사람들과는 본질적으로 다른 진짜 부자들의 정체는 다음과 같다.

첫째, 대체로 학교 성적이 별로 신통치 않다. 성적을 올리려고 애를 썼지만 지적 능력이 신통치 않아 잘되지 않는다. '보통'밖에 되지 않는 자신의 한계를 잘 알고 있고, 이를 극복하기 위해 자신만의 독특한 경제적 전략을 고안해낸다. 학교 성적에 절대적 영향을 주는 논리·분석 지능은 약하지만, 다른 사람과 다르게 생각하는 창의력과 직관력에는 상대적으로 뛰어난 능력을 가지고 있다.

둘째, 금전적 위험을 감수할 용기를 가지고 있다. 이것은 도박이나 투기와는 거리가 멀다. 금전적 위험을 감수하는 가장 기본적 형태는, 직업 선택 혹은 삶의 목표를 정하는 것과 관계가 있다. 그들은 자영업자이거나 전문직 종사자들이다. 그들은 다른 사람이 경영하는 기업에 매이지 않는다. 다른 사람 밑에서 일하며 그들에게 의존하는 것보다 자신을 믿는 것이 훨씬 더 안전하다고 믿고 있다.

용기란 두려움을 느끼지 않는 것이 아니라 두려움을 쫓는 긍정적인 행위를 뜻한다. 따라서 두려움이 없다면 용기도 없는 것이다. 두려움과 용기는 동전의 양면이다. 두려움은 예측할 수 없는 변수들 때문에 생겨난다. 따라서 용기는 자신에게 많은 정보를 제공하고 믿는 자신감에서부터 온다. 자신감은, 성공에 이르는 목표를 세우고 이를 성취하기 위해 조직적으로 준비하는 철저함에 의해 만들어진다. 용기란 재산처럼 선조로부터 물려받는 것이 아니다. 살아가면서 만들어가는 것이 용기이다. 진정한 용기를 내고 키워가는 사람들 중에 사십이나 오십쯤 된 분들이 많은 이유가 여기에 있다.

셋째, 그들은 자신의 직업과 일을 사랑한다. 자신에게 주어진 능력과 적성에 따라 현명하게 천직을 선택했기 때문이다. 좋아하는 일을 선택했기 때문에 그들은 열정적이며, 하나의 일에 혼신의 힘을 다 바친다. 그들은 자신이 천재가 아니라는 것을 알고 있다. 따라서 그들은 열정만이 성공에 이르는 확실한 길임을 잘 알고 있다. 열정은 하고 있는 일의 미래를 창조하도록 해준다. 일에 몰입하다 보면 자신만이 할 수 있는 특별한 틈새시장이 어디 있는지 알게 해준다. 그들은 그 틈새시장에서 최초이며 최고가 되려 한다. 그들은 바로 자신들이 일해온 직업 속에서 가장 경쟁력 있는 새로운 변종을 만들어내는 사람들이다. 이것이 그들이 성공한 비결이다.

넷째, 자기 관리에 철저하다. 그들은 자신의 인생에 대한 지도를 스스로 만들어간다. 그들은 돈을 섬기지 않는다. 의외로 돈이 최고라고 믿지도 않는다. 돈을 다스릴 수 있기를 바란다. 기본적으로 진실하며 성실하다. 그래서 복권을 사거나 도박을 하지 않는다. 일을 할 때는 열심히 하지만 일 중독자는 아니다. 가족과 친지들과 많은 시간을 보낸다. 진실됨은 가정에서부터 온다고 생각한다. 돈을 버는 일과 삶을 즐기는 것 사이의 균형을 잡는 것이 무엇보다 중요하다고 생각한다. 그들은 관리의 요체가 균형이라는 것을 잘 알고 있다.

나는 부자들을 찬양하고 싶은 생각은 추호도 없다. 반대로 인생에 대한 자기 책임을 강하게 가지고 있는 보통의 지능을 가진 사람들이 얼마든지 세속적 성공을 거둔 부유한 사람이 될 수 있다는 것을 보여주려고 했을 뿐이다. 학벌이 모자라고 지능이 보통에 불과한 사람들, 그리하여 다른 사람이 선뜻 고용하기를 꺼리기 때문에 스스로를 고용할 수밖에 없었던 사람들, 그들이 바로 부자가 되기 전 전형적인 예비 부자의 모습이었다.

자기의 일을
발견하는 것이
부를 이루는 첩경

    토머스 스탠리가 미국의 백만장자 733명을 표본 조사하여 얻은 자료는 몇 가지 중요한 사실을 보여주고 있다. 우선 미국의 백만장자들이 자신의 일을 선택했을 때, 처음부터 그 일이 미칠 듯이 좋아서 선택한 경우는 55%에 불과했다. 그러나 시간이 지나면서 그 일에 대한 사랑 때문에 성공할 수 있었다고 말하는 사람이 80%에 달하게 되었다.

    아주 특이한 것은, 그들의 직업이 '자신의 적성과 능력'에 부합하기 때문에 선택하게 되었다는 사람들이 무려 81%에 달한다는 점이다. 이것은 그들이 대부분 자신의 강점과 능력에 대하여 사전에 잘 알고 있었다는 사실을 반영하는 것이다. 그리고 66%는 그 일이 자신을 부자로 만들어줄 것이라고 믿은 것으로 나타났다.

    정리하면, 미국의 백만장자 다섯 사람 중 네 사람에게 있어 경제적 성공이란, '자신이 좋아하고 잘하는 일을 선택한 결과'이며, 세 사람 중 두 사람은 선택한 일을 잘해내면 경제적 부가 따를 것임을 믿고 있었다고 할 수 있다.

그렇다면 그들은 어떻게 자신이 좋아하고 잘하는 일을 발견할 수 있었을까? 우선 그들이 다른 사람의 의견, 예를 들어 직업소개소나 프랜차이즈 모집을 통해 자신의 직업을 선택하게 되는 경우는 5%밖에 되지 않는다. 이 말은 다른 사람이 말하는 유망 업종이라는 것을 무작정 선택하여 성공한 경우가 아주 드물다는 것을 반증하는 것이기도 하다.

오히려 '우연히'(29%) 자신의 천직을 발견하거나, '시행착오'(27%)를 거쳐, 혹은 이전 직업과의 관련성(12%) 등을 통하여 자신의 천직을 발견하는 경우가 2/3에 달하는 것으로 나타났다.

그런가 하면 직관적으로 자신의 천직에 접근해 간 경우가 39%에 달해, 사업 타당성을 타진하여 선택한 경우(30%)보다 오히려 높게 나타났다. 특히 이들 백만장자 중 1/3을 차지하고 있는 사업주와 경영자의 경우는, 거의 반(46%)에 해당하는 사람들이 '직관적'으로 자신의 천직을 선택했다는 사실에 주목할 필요가 있다.

직관적으로 자신의 길을 따르게 되었다는 말은, 다른 사람에게 그 방법론을 논리적으로 알려주기 어렵다는 것을 의미한다. 일순간 갑자기 '신속하고 즉각적인 통찰'에 의하여 알게 되었다는 뜻에 가깝다. 그러나 이것은 아무것도 존재하지 않는 진공의 상태에서 무엇인가가 이루어지는 것은 아니다. 오히려 백만장자들이 자신의 길을 찾아가는 과정에서 큰 대가도 없이 즐겁지도 않은 일들을 해야만 했고, 그 과정에서 자신에 대하여 점점 더 잘 알게 되었다는 관측이 설득력 있다. 그래서 그들은 '우연히, 시행착오를 거쳐, 자신의 이전 직업을 통해 직관적으로' 자신이 좋아하고 잘하는 일에 헌신하게 된 것 같다.

이러한 데이터는 아직 자신의 '천직'을 발견 못 했다고 여기는 사람들에게는 작은 위안을 줄지 모르겠다. 왜냐하면 '자신이 좋아하고 잘하는 일'이 무엇인지 아직 잘 모른다는 것이 그렇게 예외적인 일은 아니며, 다른 사람들도 대부분 고민하는 문제라는 것을 알게 되었기 때문이다.

그러나 이 위안에 속으면 안 된다. 그렇게 되면 결국 당신도 다른 사람과 똑같은 덫에 빠지게 된다. 좋아하는 일도 못 하면서 벌이도 신통치 않은 일을 하며 평생을 보내게 될 것이기 때문이다.

자신에 대한 탐구에는 끝이 없다. 이것은 세계의 변방과 오지를 찾아다니는 모험처럼 두렵고 흥미롭다. 자신이 원한다고 생각하는 것들의 배후를 읽을 수 있도록 주의하자.

그것이 정말 자신이 원하는 것이기 때문에 원하고 있는 것인지, 아니면 그것이 사회적으로 그럴듯해 보이기 때문에 자신이 원하는 것이라고 생각하게 되었는지 곰곰이 생각하라. 마음이 이끄는 대로 조용히 놓아두자. 어떤 사회적 선악과 가치의 여과 없이 자신의 마음이 바라는 것을 직시하자. 그리고 물어보자. 평생 그 일만 하며 살았을 때, 그리하여 그 일을 아주 잘하게 되었을 때, 자신의 인생이 좋았다고 말할 수 있을까? 만일 그렇다고 믿을 수 있다면, 그것이 바로 지금 당신이 원하는 일이다.

당신의 피와 골수에
흐르는 그것만이
그대의 것이다

동물의 세계에서 수컷들은 마음에 드는 암컷을 만나면 잘 보이려고 별의별 행동을 다 한다. 아름다운 색깔을 뽐내기도 하고, 몸을 비비 꼬며 춤을 추기도 하고, 목청을 돋워 노래를 하기도 한다. 보다 실리적인 놈들도 있어, 암컷이 좋아할 만한 먹이를 잡아다 주기도 한다. 그들은 구애를 위해 자신의 강점을 한껏 이용한다.

그러나 인간은 조금 다르다. 친구 같은 남녀 사이에서는 위트 있고 자연스럽게 자신의 강점을 발휘하다가도, 마음에 드는 상대방이 나타나면 어눌해지고 어쩔 줄 몰라 하고 자신을 표현하는 데 망설여진다. 인간은 대체로 구애할 때 자신의 강점보다는 자신의 약한 면에 의존하는 경향이 있다. 이상한 동물이다.

자기의 타고난 모습대로 살 수 있다면 가장 자연스러운 일이다. 자신에게 가장 잘 어울리는 일, 자신이 가장 잘할 수 있는 일, 그 일을 하면 신이 나는 일을 발견하고 개발하여 시간과 더불어 함께 원숙해질 수 있는 그런 일을 가진다는 것은 행복이다.

나는 그동안 많은 자기 계발 프로그램을 보아왔는데, 대체로 이미 만들어져 있는 획일적인 패키지를 다양한 사람들에게 공통적으로 동일하게 적용하는 것을 보았다. 마치 우리가 나이가 차면 초등학교에 들어가 단 한 가지 모델밖에 존재하지 않는 획일적인 교과 과정을 따라가듯이 말이다. 우수한 재능을 가진 얼마나 많은 아이들이 받아쓰기 100점을 받지 못한 이유 때문에 자존심이 상했는가? 그리고 학교에 가기 싫어했던가?

사람은 잘 변하지 않는다. 내향적인 사람이 20년간 세일즈맨을 했다면, 그동안 그의 마음고생이 어떠했는지 금방 알 수 있다. 겉으로 보기엔 그 사람이 외향적으로 보일지도 모른다. 그의 직업은 그가 쾌활하고 시원시원하고 대인 관계에 있어 적극적인 사람이기를 요구하기 때문에 그렇게 보이려고 애써왔을 것이다.

그러나 그런 의도적인 노력을 해오면서 그의 마음은 늘 불편했을 것이고, 부담스러웠을 것이다. 때로는 스스로를 모멸했을 것이고, 늘 적당히 하는 데서 끝나고 말았을 것이다. 20년의 일상조차 그를 본질적으로 바꾸어놓기는 어렵다. 사람은 태어난 성격 그대로 바로 그 사람인 경우가 태반이다.

그러므로 자기 계발이란, 사회나 조직이 지금 필요하다고 여기는 미덕을 모든 사람에게 획일적으로 강요하는 것이어서는 안 된다. 각자에게는 그에게 맞는 직업과 일이 있게 마련이다. 자기 계발은 자기가 이미 가지고 있는 강점을 인식하고, 그것을 계발하기 위해 돈과 열정, 시간과 영혼을 투자하는 것이다.

그러므로 오직 자신이 가지고 있는 것에 몰두하라. 남이 가지고 있는 장점은 그것이 아무리 좋아 보여도 당신의 것이 아니다. 당신의 피와 골수에 흐르는 그것만이 그대의 것이다. 그리고 그대의 것 역시 갈고닦으면 멋지고 아름다운 것이 된다.
기업의 입장에서도 자신의 강점으로 무장한 개인들로 하여금 그들의 최선을 발휘하도록 하고, 그것을 기업의 성과에 직결시키는 것이 바로 21세기의 경영이 안고 있는 과제라고 할 수 있다.

신으로부터 받은 과제: 가장 자기다운 것을 찾아갈 때의 마음가짐

미국의 과학자이며 정치가인 벤저민 프랭클린은 50년 동안 매일 같은 기도를 했다고 한다. 한 사람이 아침에 일어나서 매일 같은 기도를 하며 평생을 살았다는 사실이 흥미롭다. 도대체 그는 무엇을 바랐던 것일까? 그가 했던 기도문은 이런 것이다.

전능하사 만물을 주관하시는 주님, 저를 인도해주십시오. 제가 진정으로 바라는 것이 무엇인지 알아낼 수 있는 지혜를 허락해주십시오. 이 지혜가 저에게 명하는 것을 실천할 수 있도록 저의 결심을 더욱 강하게 만들어주십시오. 저를 향한 당신의 끝없는 사랑에 대한 보답으로, 제가 다른 사람들에게 보내는 진심 어린 기도를 허락해주십시오.

나는 이 짧고 평범한 기도가 그를 평범한 사람에서부터 비범한 인물로 만들었다는 사실을 알았다. 그래서 나도 짧고 평범한 기도문을 하나 만들어보았다.

이 땅에 저를 보내신 이여, 저를 인도해주십시오. 당신이 제게 허락한 일을 할 수 있는 지혜와 힘을 주십시오. 날마다 처음과 같은 열정으로 새로운 최선을 만들어갈 수 있도록 도와주십시오. 그리하여 다른 사람들이 저와 함께 있을 때, 조금 더 나은 사람이 될 수 있었다고 느끼도록 허락해주십시오.

매일 하나의 기원을 가지고 하루를 시작한다는 것은 아주 중요한 일이다. 그저 해치워야 할 지루한 일상적 일정밖에 없는 하루 속에서, 우리는 열정을 지닌 채 살아갈 수 없다. 매일 바쁘게 하루하루가 흘러갔지만 긴 세월이 흐른 후에 되돌아보면, 아무것도 이룬 것이 없이 나이만 먹었다는 것을 알게 된다.

아침에 일어나서 눈을 뜨자마자 기원할 수 있는 기도문을 하나 만들어보라고 권하고 싶다. 하나님에게 하는 기도여도 좋고, 부처님에게 드리는 예불이어도 좋다. 자기에게 하는 다짐이어도 좋다. 중요한 것은, 우리가 매일매일을 다시 오지 않는 마지막 날처럼 사는 것이다. 오늘은 우리에게 주어진 새로운 날이다. 영원히 되돌아오지 않을 것이다.

오늘 집에 들어가서, 혹은 거리를 걸으면서 자신을 위한 기원문을 하나 만들어보길 바란다. 다른 사람을 따라서 멋있는 말로 범벅을 치지 말고, 영혼의 아주 깊은 곳에서 나온 자신의 음성으로 가장 간절한 것을 바라야 한다.

어떤 일을 하든 자신에 대한 사랑을 잊어서는 안 된다. 다른 사람이 우리를 잊을 때도 있다. 그러나 자신은 스스로를 잊어버려서는 안 된다. 다른 사람이 우리에게 무능력하다고 말할 수도 있다. 그러나 우리는 자신에게 그렇게 말해서는 안 된다. 스스로를 보호하고 격려해줄 사람은 바로 자기 자신이기 때문이다.

우리의 삶을 책임지고 있는 것은 세상이 아니다. 세상을 비난하는 것은 위로가 될지 모르지만 문제를 해결해주지 못한다. 오히려 우리가 세상에 책임이 있다. 그리고 무엇보다도 우리는 우리 자신에게 책임이 있다.

이 단계에서 해야 할 일 ②

우선 오늘 잠자리에 들어 이렇게 해보라. 내일 아침 처음 눈을 뜨게 되었을 때 간절히 기원하고 싶은 것이 무엇인지, 아주 짧은 기도문을 지어보라. 일주일 내내 잠자리에 들 때마다 이 기도문을 다듬어보라. 일주일 후, 좋은 종이에 그 기도문을 깨끗하게 적어두도록 하라.

그리고 이것을 '나의 기도문'이라고 불러라. 이것은 인생을 살아오는 동안 당신이 소중하게 생각하는 것, 간절히 바라는 것을 정리한 것이다. 앞으로도 생활의 지침이 될 것이고, 양보할 수 없는 가치관이 될 것이다.

둘째, 한 달 이내에 명함을 한 통 찍어라. 지금 가지고 있는 명함 말고, 3년 후에 사용하게 될 명함을 만들어라. 그리고 이 명함을 '꿈의 명함'이라고 불러라. 이 명함에는 이름, 주소, 전화번호, 휴대전화 번호, 이메일 주소, 그리고 3년 후 당신의 몸도 마음도 영혼도 가 있고 싶은 그 '아름다운 곳'의 이름을 명시하라. 아름다운 곳의 예를 들면 이렇다.

- 직원 복리 후생 프로그램 개발 전문가
- 10대 소년 패션 분석 전문가
- 서울 최고 택시 운전사
- 강북에서 가장 맛있는 곰탕집 주인
- 한국의 10대 자기 계발 프로그램 전문 강사

한 달을 넘기지 마라. 한 달만큼만 열심히 생각하라. 그리고 한 달 후 그때까지 생각한 것 중 가장 마음에 드는 것을 골라 명함 한 통을 만들어라. 100장을 만드는 데 만 원이면 충분하다. 몇 달 지나서 더 좋은 명칭이나 하고 싶은 일이 나타나면 그때 수정한다는 마음으로 시작하라. 인생은 완벽한 것이 아니다. 늘 만들어가는 것이기 때문이다. 따라서 모든 것을 다 갖춘 다음에 시작한다고 생각하지 마라. 세네카Seneca의 말을 기억하라.

"많은 사람들에게 인생은 이미 지나가버렸다. 그들이 인생에 필요한 장비를 갖추는 동안에."

살면서 해오던 이런저런 생각들을 한 달 동안 정리하여 3년 후를 만들어보겠다는 실험 정신으로 시작하라. 자신의 모든 것을 걸어보겠다는 마음으로 시작하라.

3장

어떻게 일가를
이룰 것인가?

나도, 어느 누구도 당신의 길을 대신 가줄 수 없다.
그 길은 스스로 가야 할 길이기에.

월트 휘트먼 Walt Whitman

"변화라는 것, 여유 있는 사람들의 행복한 비명 같아요"

어느 날 나는 한 독자에게서 다음과 같은 편지를 받았다.

모든 사람들이 변화를 갈망합니다. 그리곤, '그건 꿈이야' 하고 단정 짓습니다. 저 역시 평범한 사람 속에 속해 있습니다. 현재 하는 일에 만족은 하지 못하고 있습니다. 하지만 모든 이들이 그렇듯이, 나이 먹고 이 자리를 박차고 나가면 설 자리를 잃게 된다는 불안감과, 경제적으로 부딪치게 되는 현실을 외면할 수 없기에 제자리에 머물게 됩니다.

이런 생각이 듭니다. '변화라는 것. 어느 정도 여유 있는 사람들이나 할 수 있는 행복한 비명이 아닐까…' 평범한 혹은 평범하지도 못한 사람들에게, 변화란 어쩌면 무서운 존재일 수 있습니다. 이 자리를 지키지 못하면 어쩌나 하는 생각에 감히 내가 무얼 하고 싶은지도 까마득히 잊어버리고 사는 것이 곧 현실이고,

바로 저 자신입니다.

내 꿈이 무엇일까요? 내가 하고 싶은 것은 또 무엇이었을까요? 과연 내게도 변화가 허락이나 될까요? 돈이 곧 행복이 될 수 있다는 것이 실감되는 요즘에 망설여지는 질문입니다.

이 편지 속에는 많은 진실이 있다. 우리의 이야기들은 이 평범한 진실 속에서부터 시작되어야 한다고 생각한다. 우리는 강력한 의지와 결단을 가지고 있는 영웅이 아니다. 운명을 개척하는 초인들도 아니다. 현실에 불만을 가지고 있지만 적당히 타협하고 물러서고 그런 자신이 보기 싫어 번민하고, 어떻게 해보려고 하다가 그저 소주 한 잔에 평화로운 일상으로 돌아오는 그런 사람들이다. 작은 일로 마음을 쓰고 사소한 일 때문에 울고 웃는 지극히 평범한 사람들이다. 이런 우리가 변화할 수 있을까?

섬에 사시는 분이 내 홈페이지에 종종 좋은 글을 올려주신다. 언젠가 그분이 발췌하여 올려준 글이 있는데, 일상을 사는 우리 자신을 보는 것 같아 여기에 옮긴다.

이현승 칼럼 중에서

인간으로 태어난 것에 긍지를 느끼는 한 사람이 있었다.

그는 인간답게 살기 위해 교육을 받았다. 유치원에서 고등학교까지 18세를 지나, 더욱 인간답게 살기 위해서는 대학 교육을 받아야 한다고 해서 자신의 수능 점수에 적절한 대학과 학과를 골라 입학했다.

중간에 군대를 다녀와서 졸업을 하니 그의 나이 26세가 되어, 비로소 어린아이 취급에서 벗어나 자신만의 일을 할 수 있게 되었다. 그러나 취직 시험에서 번번이 떨어졌다. 학원에서 영어와 컴퓨터를 공부하여 2년 만에 간신히 조그만 회사에 들어갔다. 28세였다.

그런데 그가 하는 일은 초등학교에서 배운 지식만으로도 능히 할 수 있는 일이라는 것을 알았을 때, 그는 의문을 갖기 시작했다. 인간만이 삶의 3분의 1 정도를 '준비'만 하면서, '교육'만 받으면서 지내는 것이 아닐까? 그러나 그는 직장에 계속 나갔으며 결혼을 하고 아이도 낳았다.

하고 싶은 것, 먹고 싶은 것을 다 참으며 집을 갖기 위해 노력한 끝에 10년 만에 보금자리를 마련했다. 그때 그의 나이 36세였다. 그는 또다시 의문이 생겼다. 자신의 보금자리를 마련하기 위해 삶의 6분의 1을 보내는 동물이 있을까 하는….

집도 장만했고 이제는 좀 삶을 누리며 살고 싶었으나, 아내는 수입의 거의 반을 학원비·과외비로 지출해야 한다고 해서, 다시 허리띠를 졸라매고 자식들을 열심히 교육시켰다. 두 자녀를 다 대학 졸업을 시키기까지 24년이 걸렸다. 그의 나이 60세가 되었다.

자식 중 한 명은 딸이어서 마지막으로 부부 동반 세계 여행을 염두에 두고 모았던 돈을 혼수 장만하는 데 쓰지 않을 수 없었다.

딸의 결혼식장을 나온 그날, 눈이 내리고 있었다. 강아지 한 마리가 눈을 맞으며 신나게 깡충거리며 뛰어다니는 것을 보며, 문득 자신이 언젠가 들었던 욕이 생각났다.

"개만도 못한 놈…."

60세의 그 눈 내리는 어느 겨울날, 그는 또다시 의문을 갖기 시작했다.

정말 인간이 동물보다 나은 삶을 살고 있는 것일까?

살다가 힘이 들 때가 있다. 꼼짝할 수 없이 어느 막다른 골목에 갇히게 되었다고 여겨질 때가 있다. 혹은 벼랑 끝에 서 있다고 생각될 때가 있다. 혹은 아주 많은 사람들과 함께 어딜 가고 있는데, 어디로 가는지도 모르며 밀려가고 있다고 느낄 때도 있다. 다른 사람들은 이제 살 만해졌다고 말하지만, 가슴속으로 밀려드는 공허함을 어쩌지 못하는 때도 있다.

그러나 과거에도 그곳에 서 있던 사람들이 있었음을 기억하라. 아주 오래전에 얼굴도 모르는 어떤 사람들 역시 그곳에서 다시 살아 나왔다는 것을 상기하라. 그 이름을 알고 있는 유명한 사람 아무나 몇을 골라 그들의 과거를 한번 들춰보라. 아마 대부분 유명해지기 전에는 상점의 점원이었거나, 외판원, 평범한 말단 직장인이었을 것이다.

그들 역시 자기를 평범하거나 그만도 못한 신통치 않은 사람이라고 생각했을 것이다. 그들 역시 희망과 좌절 사이를 오락가락 했을 것이다.

인류의 역사는 평범한 사람들의 역사이다. 평범과 비범 사이에 존재하는 것은 '어떤 변화'이다. 역사가 인류 변천의 기록이듯, 개인의 역사 역시 변화의 기록이다. 성공한 사람들은 '어떤 날' 모두 평범에서부터 비범으로 자신의 인생을 바꾸어놓았다. 평범과 비범 사이에 존재하는 변곡점이 바로 우리가 찾고 싶어 하는 포인트이다.

인간의 장기 중 96%는 돼지나 말에게서도 발견된다고 한다. 우리가 태어났을 때 가장 먼저 한 것이 우는 것이었고, 젖을 빠는 것이었다. 그것은 본능적이었다. 그러나 대부분의 인간은 자신이 동물이라는 사실을 잊고 산다. 인간이 동물과 다른 점은, 동물은 반응한다는 것이고 인간은 생각한다는 것이다. 인간은 다른 동물과 달리 사고의 능력과 미래 지향적 기획 능력을 가지고 있다. 이러한 사실은 변화에 대한 기본적 정의를 달리할 수 있는 근거가 된다. 동물의 세계에서 긍정적 변화는 '외부의 환경에 적응'하는 것이다. 다윈의 적자생존을 의미한다. 그러나 인간에게 있어 긍정적인 변화는 미래를 만들어내는 것을 의미한다. 기업이 외부 경제 환경에 적응하는 것만이 최상의 대응은 아니라는 것이다. 추종에는 기회가 없다. 미래의 냄새를 맡고, 그곳에 먼저 가 있는 기업들에게 기회는 돌아간다. 그들은 미래를 기획함으로써 새로운 세계에서 통용되는 새로운 법칙을 만들어낸다. 토머스 사즈Thomas Szasz는 《제2의 죄The Second Sin》에서 이렇게 말한다. "동물의 세계를 지배하는 규칙은 먹느냐 먹히느냐이다. 인간의 세계를 지배하는 규칙은, 누가 규정하고 누가 규정당하느냐이다."

다음 보도문을 주목해보자.

국내 한 신문에서

2000년 4월, 세계 3대 무선 단말기 회사인 핀란드 노키아, 미국 모토로라, 스웨덴 에릭슨이 이동 전자 상거래M-Commerce의 안전성을 확보하기 위해 공동 표준을 만들기로 했다.

〈워싱턴 포스트〉는 11일, 이들 3사는 현재 사용 중인 무선 인터넷 표준WAP 등 다양한 기술을 응용, 안전한 전자 상거래를 보장하는 '무선 전자 상거래 기술MeT'이라는 통신 표준을 만들기로 했다고 보도했다.

MeT 표준은 신용카드를 이용한 대금 지급, 디지털 서명 등 주로 이동 전자 상거래 시 발생하게 될 보안 및 결제 문제에 대한 솔루션을 포함하게 된다. 다른 무선 단말기 제조업체와 이동 전자 상거래 기업들에도 공동 표준을 공개할 예정이다.

빅3가 공동 표준을 만들 경우, 상당수 업체가 이를 따라올 것으로 예상되며, 독자적으로 무선 단말기 전용 웹브라우저인 모바일 익스플로러를 내놓은 마이크로소프트는 타격이 예상된다.

빅3는 유럽의 이동 통신망 표준GSM뿐 아니라, 미국 등에서 널리 사용되고 있는 부호 분할 다중 접속CDMA 등에도 새 표준을 적용키로 했다. 노키아 휴대전화 담당 사장인 마티 알 라후타는 "이동 전자 상거래 시장이 최근 급성장하고 있으며, 2002년에는 유럽에서만 130억~280억 달러 규모에 이를 것"이라며 "공동 표준이 전자 상거래의 활성화를 앞당길 것"이라고 말했다.

이러한 사례는 개인에게도 그대로 적용된다. 꿈꾸는 사람은 미래를 만들어낼 수 있다. 그렇지 못한 사람들은 다른 사람들이 만들어놓은 세상에서 불편을 하소연할 뿐이다. 그래서 법칙을 만들어내는 사람은 지배자이고, 그 법칙을 따라야 하는 사람들은 피지배자가 되는 것이다. 이것이 힘의 의미이다.

미래에 적응하는 가장 확실한 방법은, 스스로 미래를 창조함으로써 속박되지 않는 것임을 잊어서는 안 된다. 이것이 적응과 창조의 차이다. 그리고 동물과 인간의 다른 점이다.

변화와 갈등

과학자인 스티븐 호킹Stephen Hawking은 이런 말을 한 적이 있다.

'나는 변화를 원하는가?' 이런 질문은 무가치한 것이다. 단지
'변해서 무엇이 되고 싶은가, 그리고 어떻게 그렇게 될 수 있는가?'
라는 질문만이 진정한 질문이다.

질문은 대부분의 경우 답만큼이나 중요하다. 어떤 때는 오
히려 답 이상으로 중요하다. 중요한 질문일수록 더욱 그렇다.
훌륭한 질문만이 훌륭한 답을 만들어낼 수 있다.

변화는 어려운 것이고 불편한 것이며 미지의 것이다. 예측
할 수 없는 것이며, 지금 누리고 있는 혜택을 박탈하는 것이다.
누가 변화 그 자체를 좋아하겠는가? 그러나 우리는 '어떤 경우'

변화를 원한다. 변화가 주는 더 큰 혜택을 믿을 수 있는 경우에 그렇다. 따라서 의미 있는 질문은, 변화가 주는 혜택이 무엇인지 묻는 것이다. 그리고 그 혜택을 얻기 위해 어떻게 변화해야 할 것인지를 알아야 한다.

변화함으로써 얻을 수 있는 것은 무엇일까? 아주 밝고 긍정적인 변화를 생각해보자. 더 많은 수입, 더 많은 성장 기회, 더 좋아하는 일의 발견, 그 일을 아주 잘하게 되는 것, 열정, 적극성, 자기실현, 자기만족, 사회적 인정 등이다. 변화를 통해 우리가 얻으려고 하는 것은 '미래이며 희망'이다. 이것이 우리가 변화를 갈망하는 이유이다.

두려움과 희망 사이에 존재하는 것은 갈등이다. 우리는 갈등을 피하고자 한다. 그것은 혼란과 혼동이다. 그것은 마음의 균형을 깨뜨리고 내면적 평화를 위협한다. 대부분의 사람들은 갈등이 해소되기를 원한다. 더 정확히 말하면, 갈등 자체를 원하지 않는다. 그러나 누구도 갈등을 피할 수 없다. 갈등은 사회적 산물이다. 가만히 있다고 해서 피할 수 있는 것이 아니다. 갈등이 없는 부부가 있는가? 자식과 부모 사이가 늘 화평한가? 갈등이 없는 직장 생활이 있는가? 친구와 만나면 늘 즐겁게 웃기만 하는가? 우리가 가지고 있는 가장 소중한 관계 속에 갈등이 존재한다면, 갈등을 피할 수 있다고 생각해서는 안 된다. 갈등은 우리의 일상이며, 그러므로 힘껏 껴안아야 할 핵심이다.

헤라클레이토스Heracleitus는 다음과 같이 말한다.

신에게 모든 것은 공정하고 선하고 정당하지만, 인간은 어떤 것은 그르다고 하고, 어떤 것은 옳다고 한다. 닮지 않은 것이 상합하고, 서로 다른 것에서 가장 아름다운 조화가 이루어지며, 모든 것은 다툼에 의해 생겨난다.

갈등의 자식은 균형과 선택이다. 균형은 갈등이 평화적으로 공존함을 의미한다. 그러나 어느 때 우리는 선택해야만 한다. 미래와 희망을 선택할 것인가, 아니면 현재의 기득권을 선택할 것인가를 결정해야 할 때가 있다. 혁명의 시기에는 선택하도록 강요당한다.

20년 동안에 악마에서부터 '가장 존경받는 경영인'으로 변한 사람이 있다. 이제는 회고록을 쓰고 싶어 하는 GE의 잭 웰치John F. Welch 회장이다. 그는 이렇게 말한다.

나는 효율이라는 단어를 그다지 좋아하지 않는다. 내가 좋아하는 단어는 창조이다. 그리고 창조는 모든 사람이 다 중요하다는 믿음에서부터 비롯된다.

그가 위대한 것은 바로 이 믿음을 지키고 있다는 것 때문이다. 그는 GE 개혁의 중앙에 '크로톤빌'이라는 경영 개발 센터를 놓아두었다.

교육의 중요성을 누구보다도 신뢰하고 있는 웰치는 이렇게 말한다.

> 나는 단순한 변화가 아니라 혁명을 원한다. 그리고 그것이 크로톤빌에서 시작되기를 바란다.

그는 단순한 변화가 전하지 못하는 강력한 의미를 전달하기 위해 '혁명revolution'이라는 단어를 사용하였다. 그가 크로톤빌이라는 자체 교육 기관에서 '혁명'이라는 단어를 통해 직원들에게 전달하려고 했던 것은 무엇이었을까? 그는 직원의 본질적인 변화를 주문한 것이다. 인간에 관한 본질적인 변화란 무엇일까?

변화의 수준들:
변형, 변성 그리고 변역

번역가이며 작가인 이윤기는, 변화의 정도를 세 가지의 다른 용어로 번역하고 있다. 형태만 변하는 것은 변형變形, transformation, 성질이 바뀌는 것을 변성變性, transmutation, 그리고 본질이 바뀌는 것을 변역變易, transubstantiation이라고 구별한다.

예를 들어 포도를 가지고 즙을 짜서 먹으면, 이는 변형이다. 형태는 바뀌었지만 성분은 같기 때문이다. 그러나 포도를 가지고 포도주를 만들어내면, 이는 변성이다. 성분이 바뀌었기 때문이다. 만일 사람이 포도주를 먹고 취해버리면, 이는 변역이다. 평소에 그가 가지고 있던 기능과 역할을 잊고 다른 사람이 되기 때문이라는 것이다.

재미있는 비유이다. 아마 잭 웰치가 직원에게 주문한 것은 이런 변역을 의미했을 것이다.

이윤기가 사용한 상이한 개념을 인간의 변화라는 과정 속에 직접 적용해보자. 직위가 달라지거나 직장이 바뀌는 경우, 혹은 직업이 바뀌는 경우는 아마 변형일 것이다. 껍데기는 바뀌었지만 사람 자체가 달라지는 것은 아니기 때문이다.

만일 직업을 바꾸는 과정에서 자신을 움직이는 정신적 원칙이 달라지게 되었다면 어떨까? 예를 들어 소극적인 성격에서 아주 적극적으로, 부정적 사고에서 긍정적 사고 체계로, 위험 회피에서 도전적으로 바뀌게 되었다면 아마 변성쯤 될 것 같다. 보다 사회적 가치가 있는 곳으로 사람들을 바꾸어가는 일반적인 자기 계발 과정은, 인간의 변성을 촉진하고자 하는 접근법이다.

그러나 여기에는 한계가 있다. 인간은 날 때부터 서로 다르다는 점을 간과하고 있다. 어떤 사람들은 내면으로부터 에너지를 받아오는 내향적 성격인 데 반해, 어떤 사람들은 외부로부터 에너지를 받아오는 외향적 성격이다. 어떤 사람은 감각적이고 어떤 사람은 직관적이다. 어떤 사람은 이성적이고, 어떤 사람은 감성적이다. 어떤 사람은 선택하고 결정하는 것이 분명하지만, 어떤 사람들은 늘 결정을 유보한다. 사람은 날 때부터 다양하고 서로 다르다. 획일적인 계발에 의해 다양성을 누르는 것은 최선이 아니다.

여기에 변역의 필요성이 대두된다. 변역은 '자기를 찾은 것'

이다. 나는 원래의 자기가 되는 것을 변역이라고 믿고 있다. 말하자면 자기에게 주어진 재능을 발견하고, 그것을 계발하며, 그 재능이 잘 적용될 수 있는, 스스로 좋아하는 일을 찾아 그일에 몰입하는 경지에 이른 사람들은 변역의 인물이라고 불릴 수 있다.

그들은 성인들이 아니다. 그러나 그들은 세상 속에 자신을 세우는 법을 알고 있다. 위대해지기를 바라지 않는다. 그들은 그저 자기가 되고 싶어 한다. 그들은 사회적 틀과 기대로부터 비교적 자유롭다. 그들은 자기가 원하는 대로 자신의 세계를 만들어가며, 그 속으로 다른 사람들을 초대한다. 이것이 변역의 의미이며, 변화의 궁극적 목표이다.

변화는 피할 수 없고
불확실성은 늘
우리를 따라다닌다

"이 세상에서 유일하게 확실한 것이 있다면, 그것은 변하지 않는 것은 없다는 사실이다."

존 F. 케네디의 말이다.

이 말은 적어도 두 가지 의미를 가지고 있다. 첫째는 변화는 피할 수 없다는 것이고, 둘째는 불확실성은 늘 우리를 따라다닌다는 점이다.

지루한 일상에 변화를 주고 싶을 때도 있다. 긴 머리를 자르기도 하고 가벼운 여행을 떠나기도 한다. 혹은 조깅을 시작할 수도 있고, 저녁에 그림을 배우러 갈 수도 있다. 그러다가 시들해지면 그만두기도 한다. 되돌아올 수 있는 가벼운 일탈은 즐거움일 수 있다. 라스베이거스에서 재미로 해본 잃어도 괜찮은 가벼운 베팅과 같다. 그러나 한 번 떠나면 되돌아올 수 없는 단호하고 근본적인 변화는 늘 두려움의 대상이다. 인생의 변곡점, 그 앞에서 우리가 늘 망설이고 회피하고 의도적으로 무시하고 부정하는 이유는 무엇일까?

변화는 분명히 우리를 불편하게 한다. 왜 그런가? 예측 가능하고 익숙한 일상에서부터 불확실한 '어딘가'로 우리를 몰고 가기 때문이다. 불확실한 것은, 그것이 무엇인지 알 수 없기 때문에 '통제control'할 수 없다. 우리는 자신이 제어할 수 없는 상황을 두려워한다. 불확실성이 두려운 이유는 바로 이 때문이다. 이 사실을 이해한다는 것이 변화에 접근하는 가장 중요한 출발점이다.

변화의 두려움을 극복하고 긍정적 변화를 즐길 수 있는 방법은 두 가지이다. 첫째는 변화와 관련하여 가능한 한 많은 정보를 모으고 해석함으로써 불확실성을 줄이는 것이다. 둘째는 그래도 남아 있는 불확실성을 불가피한 일상의 요소로 즐겁게 수용하는 마음의 전환이다.

정보를 모으고 해석한다는 것은 '배운다'는 뜻이다. 조직을 개혁하고 싶은 경영자는 왜 변화하지 않으면 안 되는지, 변화를 통해 어떤 새로운 조직이 되고자 하는지, 그 비전을 직원들에게 설득할 수 있어야 한다. 설득할 수 있으면 변화의 반은 성공한다. 설득의 가장 중요한 요소는 솔직한 정보의 제공이다.

마찬가지로 자기를 위해 긍정적인 변화를 만들어보고 싶은 사람은, 자신에게 솔직한 정보를 제공함으로써 자신을 설득해야 한다. 예를 들어, 자신을 둘러싸고 있는 환경이 무엇을 요구하고 있는지, 자신이 진정으로 원하고 있는 것이 무엇인지, 그리고 어떤 능력과 재능을 가지고 있는지 알게 되면 변화를 위한 청사진이 좀 더 확실히 보인다. 청사진을 가지고 있으면, 언제 무엇을 어떻게 시작해야 할지 알 수 있다.

조직이건 개인이건 '학습'이 중요한 이유는, 바로 변화가 수반하는 불확실성을 자신의 '통제'하에 있는 '확실성'으로 전환시킬 수 있도록 도와주기 때문이다. 알면 알수록 두려움은 줄어들게 된다. 통제의 범위가 넓어지기 때문이다.

그러나 우리는 행동하기 전에 필요한 모든 정보를 다 모을 수 없다. 해답 없이 필요한 최소한의 정보를 가지고 불확실성 속으로 뛰어들 수밖에 없다. 나머지는 변화의 과정에서 실수를 통해 배워야 한다. 그래서 불확실성을 두려움의 원천이 아닌 새로운 기회로 인식하는 심리적 전환이 중요한 것이다.

자기 혁명의 지도를
만들어라

다행스럽게 변화 역시 학문의 대상이다. 변화에 따른 불확실성과 과도기적인 혼란과 불편을 최소화하는 방법들이 강구되어왔다.

평범한 사람들이 가시적인 효과를 거두기 위해서는 3년 정도의 자기 계발 여정이 필요하다. 왜 3년일까? 참고 견딜 수 있는 가장 긴 시간이며, 성과를 낼 수 있는 가장 짧은 시간이기 때문이다. 현재의 온갖 제약과 한계로부터 벗어나 자신을 새로운 시각으로 바라보기 위해서, 적어도 우리는 몇 년의 시간적 격리를 필요로 한다. 3년 정도면, 무엇인가 새로운 것에 입문하여 어느 정도의 성과를 얻을 것이라고 기대할 수 있는 심리적 길이로 적합하다. 3년은 1,000일을 조금 넘는다. 1,000일 동안의 담금질을 통해 꽤 괜찮은 자기를 새로 만들어낼 수 있다는 것은 좋은 일이다.

체계적인 계발을 위해서는 좋은 수련 일정이 필요하다. 나는 이것을 '자기 혁명의 지도 Self-Revolution Steering Map'라고 부른다. 이 작업은 결국 변화에 꼭 필요한 정보를 체계적으로 확보함으로써, 불확실성을 줄이고 통제의 영역을 넓혀주려는 노력이다.

이것은 우리가 벼르던 먼 곳으로의 여행을 떠나기 전 여정을 짜는 것과 같다. 이 여행은 자신의 속으로 깊이 침잠하여 속에 감추어진 재능과 잠재력을 발견하는 아주 낯선 곳으로 떠나는 모험적이고 도전적인 것이다. 여정의 윤곽을 되도록 분명하게 짜두어야 여행을 계속할 수 있다.

내면적 여행의 일정을 만드는 것을 새로운 기법이라고 여기지 마라. 여행을 떠나기 전에 지도를 보고 행선지를 잡고, 그곳에서 무엇을 할 것인지 계획을 세우는 것은 즐거운 일이다. 지도는 늘 우리를 설레게 한다. 자기 혁명의 지도도 마찬가지이다. 오리무중이고 그림자 속에 있는가 하면 어느 때는 햇빛보다 밝은 곳에 있는 자신, 신뢰할 수 있고 순수한가 하면 동굴처럼 음습한 곳에 숨어 있는 야비하고 비열하고 치사한 자아의 편린에 놀라곤 한다. 우리는 자신의 내면을 따라가는 여행에서 수많은 잠재력과 알려지지 않은 재능과 가능성을 만나게 될 것이다. 수많은 희망과 미래로 통하는 섬광을 보게 될 것이다. 아무것도 없던 빈곤에서 풍요의 싹을 발견하게 될 것이고, 평범함 속에 갈무리된 자신만의 힘을 발견하게 될 것이다.

이 지도는 몇 가지의 요소로 구성되어 있다. 앞으로의 여정을 위해 꼭 필요한 필수적 정보이기 때문에 확보해야 한다.

첫째, 현재의 위치가 명시되어 있어야 한다. 제1단계에서 사용했던 '재능의 이력서'를 활용하게 될 것이다. 기억하겠지만, 이 이력서에는 자신의 유전적 재능이 묻혀 있는 지점을 탐색해본 결과가 있고, 과거의 희망과 '현재의 직업에 대한 선호도'에 대한 정보가 있다. 여기에 이제 자신의 직업에 대한 '객관적 소견서'를 더하면 된다.

소견서의 핵심은 지금 내가 하고 있는 이 일은 "내 골수에 박혀 있는 가장 나다운 일인가?"라는 질문에 대한 답이어야 한다. 이렇게 물어보아도 좋다. "나는 이 일에 내가 가지고 있는 모든 재능을 활용하고 열정으로 헌신하고 있는가?" 이 질문에 답해야 한다.

이 소견서가 필요한 이유는 자신을 설득하기 위해서이다. 변화의 과정에서 가장 처음 만나게 되며, 가장 중요한 단계 중의 하나가 스스로에게 '이곳에 있으면 안 되는 이유'를 설득하는 것이다. '지금 당장 이곳을 떠나야 하는 절박함'을 스스로에게 설득할 수 없다면 자기 혁명은 불가능하다. 왜냐하면, 비록 불만스러운 현재이긴 하지만, 현재가 주는 익숙함과 기득권을 포기하는 것 역시 어렵기 때문이다.

둘째, 3년간의 여정의 끝에 있는 최종 도착지에 대한 정보가 있어야 한다. 목적지는 자신이 진심으로 바라는 곳이어야한다. 예를 들면 '가장 영향력 있는 한국의 10대 직원 복리 후생 프로그램 전문가 중의 한 사람이 되는 것'은 좋은 예라 할수 있다. 3년 후에 중역이 되는 것, 혹은 사장이 되는 것, 혹은땅을 100평 사서 새집을 짓는 것, 봉급을 두 배로 만드는 것등은 핵심이 아니라는 것을 이해해야 한다. 이것들은 부차적으로 따라오는 것이다. 우리의 화두는 '하고 싶은 일에 빠져 살면서 많은 보상을 받는 직업', 즉 자신의 재능을 발견하고 계발하여 직업과 연결시킴으로써 세상에 자신을 우뚝 세우고, 이를통해 스스로의 재능에 대한 시장 가격을 높이는 것이었음을 기억하라.

제2단계에서 만들어놓은 '꿈의 명함'이 바로 3년 여정의 끝에 도착하고 싶은 바로 그 도착지임을 알게 될 것이다.

셋째, 출발점에서 도착점까지 움직여 가는 여정 전체를 주도할 기본 가치관을 설정하여야 한다. 예를 들어 "늘 새로운 최선을 만들어가겠다. 다른 사람이 나와 함께 있으면 더 나은 사람이 되었다고 느끼도록 하겠다"와 같은 의사 결정의 기준을의미한다. 깊은 가치관이 없으면 일관성을 유지할 수 없으며,공동체에 기여할 수 없다.

1장의 삽화에 소개된 바디샵의 아니타 로딕을 기억하는가?그녀는 일반 경영자와 다른 특이한 가치관을 가지고 있다. 직장은 "직원들이 흥분하고 자신을 표현할 수 있는 장소"라고 규정하고 있다. 경영자로서 자신이 해야 할 일은, 그런 장소를 제공하는 것이라고 믿고 있다. 그녀는 차가운 경영을 싫어한다. 경영은 껴안아주는 것이고, 등을 두드려주는 것이며, 키스해주는 것이라고 공언한다. 주주의 이익, 기업의 이익은 이런 경영의 자연스러운 결과물에 지나지 않는다.

당신도 이제 고용된 직장인이 아니라, 자신이 가장 좋아하는 일을 '생산물'로 하는 1인 기업의 경영자가 되고자 한다. 당신이 설립한 1인 기업의 일관된 가치관은 무엇인가? 인생을 살면서 타협할 수 없는 것, 어떤 희생을 무릅쓰고라도 지켜야 하는 삶의 의미는 무엇인가?

HP의 전 사장이었던 루 플랫Lew Platt은 기업을 태양계에 비유하였다. 가운데 태양이 있다. 늘 변하지 않는 중심의 자리이다. 이것은 자신의 기업이 '왜why' 존속하는가에 대한 질문을 의미한다. 바로 가치관을 말한다. 그 바로 바깥에 수성이 돌고 있다. 이것은 '무엇what'에 대한 질문이다. 바로 몇 년 정도의 단위로 설정되는 기업의 비전이 다루어야 할 대목이다. 그리고 그 바깥 궤도를 타고 많은 행성이 돌고 있는데, 이것들은 관행과 절차, 과정 등 '어떻게how'의 문제에 해당되는 것들이다. '어떻게'에 해당되는 것들은 수시로 변해야 하고 개선해야 하고 혁신해야 하는 대상이다. 변화는 '어떻게'를 다루는 것이지만, 그 중심에 변하지 않는 가치관을 가지고 있다. 가치관이 투사되지 않은 변화는 부화뇌동이며 천박함이며, 자신의 상실을 의미한다. 아이러니컬하게도 변하는 것을 다루기 위해 변하지 않는 핵심을 껴안고 있어야 한다. 이것이 변화경영의 요체이다.

날씨가 좋은 날에는 육안으로도 항해가 가능하다. 그러나 비 오고 바람 불고 안개가 낀 풍랑 속을 항해하려면, 우리는 북극성과 나침반 그리고 그것들을 바탕으로 만들어진 항법장치들에 의존할 수밖에 없다. 변화의 풍랑 속에서 우리가 가장 필요로 하는 것이 오히려 변하지 않는 것들이라는 아이러니를 이해해야 한다.

이 가치관으로 사용할 수 있는 것을 우리는 이미 가지고 있다. 그것은 무엇인가? 바로 두 번째 단계에서 정리한 '나의 기도문'이다.

넷째는, 출발점에서 최종 도착점까지 사이에 몇 개의 경유지를 설정하고, 그곳에 도착하는 일정을 명기해두는 것이다. 중간 경유지는 6개월 혹은 1년 단위로 짜두는 것이 좋다. 예를 들어 "'2001년 말까지 회사 내에서 직원 복리 후생에 관한 한 가장 많은 것을 알고 있는 사람'이 된다. 그리고 2002년까지 '업계에서 복리 후생에 관한 지식과 실무를 겸비한 가장 영향력 있는 10명의 전문가'에 진입한다" 같은 것은 매우 좋은 이정표이다.

이정표는 변화를 실천해가는 사람들에게는 아주 중요한 현실이다. 걸어가든 차를 몰고 가든, 길을 나선 사람에게 가장 중요한 현장에 묻혀 있는 정보가 바로 이 이정표이다. 이정표 없이 우리는 우리가 바라고 있는 곳으로 가고 있다는 확신을 가질 수 없다. 확신을 가지지 못하면 지속성을 유지하기 어렵다. 지속적으로 자신을 설득시켜가기 어렵기 때문이다.

다섯째로, 정해진 일정에 각 경유지에 성공적으로 도착했는지 판단할 수 있는 기준을 정해야 한다. 예를 들어 2001년 말까지 가기로 되어 있는 이정표, '회사 내에서 복리 후생에 관한 가장 많은 것을 알고 있는 사람'이라는 중간 목표에 잘 도착했는지 어떻게 알 수 있을까? 혹은 2002년 말까지의 중간 경유지인 '업계에서 이론과 실무를 겸비한 영향력 있는 복리 후생 프로그램 전문가'가 되었는지 아닌지 어떻게 알 수 있을까? 그리고 이 길을 따라 지금의 속도로 가면 정해진 시각에 그 중간 경유지에 도달할 것임을 어떻게 확신할 수 있을까?

정해진 시각에 계획된 곳에 도착했는지를 판단하지 못하고는 3년 후에 우리가 계획한 '그곳'에 도착할 수 없다. 이것은 자신의 진도를 평가할 수 있는 기준이다. 이 평가 기준은 지속적인 실천을 자극하고 격려하는 대단히 중요한 역할을 수행한다. 다음 중간 경유지까지 남아 있는 여정을 계산하게 해준다. 이것은 타고 가는 말의 고삐와 같다. 때때로 잘 달릴 수 있도록 풀어주기도 하고 딴 길로 가지 못하도록 잡아채야 한다.

1부. 출사: 그대의 꿈은 아직 살아 있는가?

3년 후의 비전은 비교적 먼 미래에 내가 가 있고 싶은 곳이다. 멀리서 보면 구름에 싸인 아름다운 그곳이 보인다. 그곳에 이르는 길은 몇 개의 경유지를 거쳐 도달하도록 계획되어 있다. 그러나 때때로 길이 끊기고, 어둡고, 지척을 분별할 수 없는 밀림일 수 있다. 자신이 '그곳'을 향해 가고 있다는 확실한 증거들이 필요하다. 믿음을 강화시켜줄 수 있는 증거—말하자면 부활을 믿기 위해서는 예수 손바닥 위의 못 자국이나 옆구리의 상처 같은 것들이 필요하다는 것이다. 인간은 두려움 속에서 증거를 필요로 한다. 자신을 설득하고 다른 사람을 설득하여 변화를 계속할 수 있는 증거 말이다.

6개월에 한 번씩 승리하라. 적어도 1년에 한 번씩은 반드시 승리해야 한다. 마음이 강한 사람도 오래 지속되는 두려움 앞에는 굴복하게 되어 있다. 작은 성취는 흔들리는 마음을 잡아주기 좋다. 6개월 혹은 좀 길어서 1년 이내에 새로운 변화를 시도한 것이 옳은 일임을 증명해줄 수 있는 확실한 승리를 만들어내야 한다. 좀 더 정확하게 말하면, 6개월 내지 1년을 한시적 기간으로 정하고, 그동안 스스로에게 변화되었음을 설득할 수 있는 우선적 업적을 사전에 기획하라는 뜻이다.

예로 든 '2001년까지 복리 후생에 대하여 가장 잘 알고 있는 사람이 된다'는 목표가 잘 수행되기 위해서는, 1) 이 분야에 관련된 좋은 책 10권을 정독하고, 자신의 언어로 정리한다. 2) 이 분야의 영향력 있는 전문가 10명을 선택하여, 네트워크를 통해 이들로부터 배운다. 쌍방향 의사 교환을 통해 책이 가지고 있는 '독학의 허점'을 보완한다. 이 두 가지 실천 목표를 정하여 실행했다면, 제1차년도의 목표는 완료된 것으로 자체 평가할 수 있다.

1998년, 나는 1년 만에 책을 한 권 펴냈다. 이것은 나에게는 매우 중요한 일이었고 작은 성취였다. 책을 쓰는 동안 나는 열정을 되찾았고 즐거웠지만 또한 고단하기도 했다. 무엇보다 나는 내가 살아 있다고 느꼈다. 나는 내가 가고 있는 길이 내가 원하는 미래로 통하는 길임을 의심할 수 없었다. 또 1년이 지났고 또 한 권의 책을 내었다. 나는 이 작은 성취를 통해 한 회사의 경영 혁신 팀장에서 영향력 있는 '변화경영 전문가'의 길로 들어서고 있음을 스스로에게 확인시켜줄 수 있었다. 그리고 회사를 나올 수 있었다. 또 1년이 거의 지나고 두 권의 책을 더 낼 수 있었다.

비전을 향해 움직이고 있음을 확인할 수 있는 확실한 말뚝들을 6개월 내지 1년 단위로 박아두면 변화를 중단할 수 없다. 기업도 마찬가지이다. 훌륭한 미래의 공유 가치를 위해 확실한 길로 들어섰다는 것을 직원들이 믿을 수 있다면, 회의적이던 직원들 역시 개혁의 주체가 되고 싶어 한다.

이 단계에서 해야 할 일 ③

3년 동안 수련하게 될 '자기 혁명의 지도'를 제작하라.

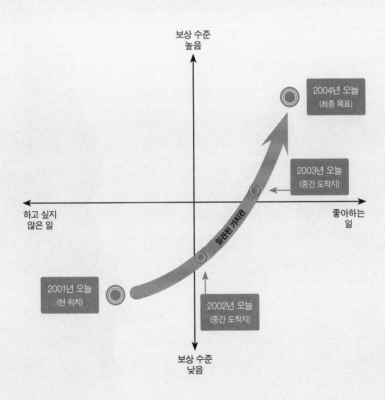

| 2부 |

입문:

새로운 세계와의 만남

소심한 영혼은 문을 열고 외부 세계로 나오는
재생을 경험하지 못한다.

조지프 캠벨 Joseph Campbell

그대가 누구이든, 어느 날 저녁 집 밖으로, 그
익숙한 곳을 떠나, 한 걸음만 나서면, 바로 옆에
광대무변한 공간이 있다.

라이너 마리아 릴케 Rainer Maria Rilke

갈 데가 없어도 떠나지 않으면 안 될 때가 있다.

테네시 윌리엄스 Tennessee Williams

| 4장 |

떠나자,
돌아올 수 없는 강을 건너서

하나의 문이 닫히면 다른 하나의 문이 열리게 마련이다.
그러나 우리는 너무도 자주, 후회 속에서,
오래도록 닫힌 문을 쳐다보며 아쉬워한다.
우리 앞에 또 하나의 문이 열려 있는 것도 알지 못한 채.

헬렌 켈러 Helen Keller

길을 떠날 때는
무릇 사무치는 바가
있어야 한다

새장에 오래 갇혀 있는 새들 중 태반은 문을 열어놓아도 떠나지 못한다. 매일 주는 모이와 물, 안락하게 흔들리는 횟대. 그들에게 익숙한 환경을 두고 알 수 없는 곳으로 떠날 수 없다. 익숙한 철창이 알 수 없는 자유보다 낫다. 알 수 없는 것들에 대한 두려움은 넓은 하늘을 날 수 있는 자유에 맞서 대항한다. 이 심리적 싸움에서 진 대부분의 새들은 새장 속에 남는다. 오래 갇혀 있던 야생의 고릴라는 우리의 빗장을 벗겨내도 더욱 구석으로 들어가 몸을 웅크린다. 삶에 절망하고 있기 때문에 자유를 잊어버렸다.

'자유로부터의 도피'는 우리 모두에게 가장 일상적인 현상이다. 우리는 불확실한 것에 대항하는 법을 잘 모른다. 다행스럽게 열려 있는 새장의 문을 나서는 새들도 있다. 이런 용감한 새들 같은 사람들을 위해, 문화 평론가인 박명욱은 떠남에 대하여 다음과 같이 말한다.

"무릇 사람이 날[※] 때는 마음에 사무치는 바가 있어야 한다. 맹랑하게 길 떠나는 사람이 많은 줄은 알지만, 사무치지 않으면 그 떠남이 한낱 유람에 지나지 않을뿐더러, 남아 있는 사람들이 죄 없이 모욕을 느끼게 되기 때문이다."

우리는 잘 떠나야 한다. 절실할 때 매운 마음으로 떠나야 한다.

훌륭한 신화종교학자인 조지프 캠벨은 "자기의 발견이란 소망스럽고도 무서운 모험"이라고 규정하였다. 그것은 어쩌면 우리가 만들었고, 아직 그 속에 살고 있는 우리 내부 세계의 파멸, 그리고 파멸이 끝난 다음 더욱 대담하고 푸짐한 인간의 삶을 재건하려는 유혹이며 약속이며 동시에 공포라는 것이다.

인생에는 적어도 몇 번의 의식이 있다. 출생, 결혼, 그리고 죽음은 그 의식의 정점에 있다. 통과 의례는 지금까지 익숙했던 삶의 패턴이나 마음가짐으로부터 가혹하게 단절됨을 의미한다. 전통적인 통과 의례는 개인에게 과거를 향해서는 죽고, 미래를 향해서는 거듭날 것을 가르친다. 졸업식은 새로운 생활의 시작을 알리는 의식이다. 결혼식은 혼자 했던 생활을 청산하고 둘이 함께하는 생활을 시작함을 알리는 의례이다. 장례식은 물리적 육체의 죽음이며, 종교적 환생의 시작이다. 모든 종교가 신체적 죽음 이후의 생활을 다루고 있다는 사실에 유의하라.

삶이 있는 곳에 늘 변화가 함께 있다. 삶은 강물처럼 흘러간다. 죽음은 바다와 같이 모든 삶의 강들을 받아들인다. 커다란 변화가 시작되는 곳에는 늘 과거의 죽음이 있다. 그러나 죽음은 끝이 아니고 새로운 시작이며 도약을 예비한다.

생각해보라. 1년의 끝은 겨울이다. 그러나 1년의 시작도 역시 겨울이다. 중국인들은 음력 설을 춘절이라고 부르지만, 그 봄은 겨울보다 더 추운 봄이 아니던가! 탄생은 피와 어두움에서 준비된다. '죽음'과 '살아 있음'은 본질적 변화의 특성이다. 죽음 역시 살아 있는 사람들의 문제인 까닭이 여기에 있다. 과거를 죽이지 않고 우리는 다시 태어날 수 없다. 그러므로 변화는 완료되고 완수되는 것이 아니다. 변화는 흘러가는 것이다.

전문의가 되길 원하는 의대생이 있다고 하자. 의대생이라는 현재의 위치를 떠나 전문의라는 바람직한 위치로의 이동 사이에 변화의 원리를 적용시킬 수 있다. 학생은 준비하고 시험을 통과한 후 전문의의 자격증을 얻게 된다. 그러나 전문의는 자격증을 취득하는 순간 끝나는 것이 아니다. 그것은 전문의의 시작을 의미한다. 좋은 전문의는 열정을 가지고 자신의 일생을 만들어간다. 자격증으로 끝난 전문의들은 그 순간 성장을 멈춘 사람들이다. 그들은 좋은 의사가 아니다. 그들은 단지 자격증 소지자에 불과하다. 훌륭한 전문의가 되지 못하였기 때문에 개인적 부의 축적에도 실패한다. 가장 전문적인 분야에서 과거에 대한 공인, 즉 자격증의 수준에 머묾으로써 자신의 계발에 실패했기 때문이다. 전문성은 늘 배우고 연구해야 한다는 것을 잊었으니, 환자를 위험하게 하는 돌팔이에 불과하게 된다.

"배우고 때에 따라 익히니, 그 또한 즐겁지 아니하랴學而時習 之不亦說乎"라는 공자의 말은 공자의 시대보다 지금 더 빛나는 말이다. 배움은 새로워지는 것이다. 지금보다 더 새로움이 필요한 시기가 어디 있는가? 배움은 여정이다. 끝나지 않는다. 그리고 그 무한한 불완전함이 곧 즐거움이요, 쓸 곳이 없어도 배움 자체가 즐거움이다. 배워서 쓸 곳이 있다면 그 또한 즐거운 일이 아니겠는가.

우리가 물리적 죽음을 맞이하게 될 때까지, 우리는 상징적 의식들을 통해 거듭난다. 의식의 주요 기능은, 과거에 묶여 있는 인간의 정신을 과거로부터 분리시켜 그 정신을 향상시키는 데 필요한 상징을 공급하는 것이다.

창조적 힘이 회복되려면, 정신적으로 한층 높은 차원을 위한 위기가 따른다. 토인비Arnold J. Toynbee는 이것을 '단절 detachment'과 '변용transfiguration'이라고 부른다. 단절은 물러섬이다. 외적인 세계에서 내적인 세계로, 대우주에서 소우주로 그 중심을 옮김으로써, 황무지의 절망에서 내부의 영원히 평화로운 영역으로 물러서는 것이다. 이 영역은 늘 우리 내부에 간직되어 있다. 유아기의 도깨비와 어린 시절의 마법이 모두 여기에 들어 있다. 이것은 삶의 잠재력이며 이 황금의 씨앗은 마르는 법이 없다. 이 힘의 일부만이라도 나날의 현실로 끌어올릴 수 있다면 우리는 정신적으로 놀라운 성장을 할 것이며, 생기 넘치는 재생의 순간을 체험할 수 있다.

인생은 흐르는 강물과 같다. 어딘가에서 굽이쳐 방향을 틀어 흐르게 된다. 그곳을 지나면 다시는 되돌릴 수 없는 지점을 통과한 것이다. 이 상징적 지점이 중요하다. 우리는 이 지점에서 강력한 자기 암시를 해주어야 한다.

"나는 다시는 과거로 돌아가지 않으리라. 나는 이 지점에서 과거와 작별한다. 과거와 이어지는 문을 닫고, 지금 막 미래로 가는 문을 열었다."

그러므로 우리는 하나의 상징적 의식을 통하여 자신과의 새로운 만남을 선언하는 '나의 날'을 가질 필요가 있다. 이날은 자신의 속에서 가장 자기다운 강점을 발견하고 계발하여, 나머지 인생을 자기답게 살겠다는 약속의 날이다.

버리는 법을 배우면
얻는 법도 배우게 된다

정신과 의사인 정혜신은 〈'밝은 최인호'와 '어두운 이문열'〉이라는 기고문을 쓴 적이 있다. 그녀는 다른 사람들의 내면적 진화를 살펴볼 때, 개인적 편견에서 자유롭지 못하다는 전제하에 다음과 같이 썼다.

자유롭다, 환하다, 깊이가 느껴진다. 흰머리가 뒤섞인 헝클어진 머리, 눈가에 깊이 팬 굵은 주름을 달고서 매력적으로 웃고 있는 얼굴에서 받은 인상이다. 나이가 들수록 더 아름다워진 듯한 그 얼굴은 소설가 최인호다.

"나는 나이 마흔둘에 내가 이 세상의 진리에 대해서 하나도 모르는 사기꾼임을 깨닫고, 극심한 영혼의 영양실조에 걸렸다는 느낌을 받았다." 최인호가 쉰이 훨씬 넘은 어느 날 뱉어낸 육성 고백이다.

그의 소설은 나올 때마다 베스트셀러로 기록됐을 뿐 아니라, 그가 직접 각색한 영화로 상영될 때도 연속 히트를 쳤다. 그는 흥분된 젊은 날을 보낸 성공한 작가다. 그러던 그가 어느 날 갑자기 아무런 이유도 없이 아들 도단이 앞에 무릎을 꿇고서 "무능한 아버지를 용서해달라"면서 빌었다니, 그 괴로움이 꽤 심각했던 모양이다. 그리하여 마흔둘의 어느 날, '하늘과 땅이 날카로운 키스를 하는 듯한' 느낌을 받고 가톨릭에 귀의한다.

나는 정신과 의사가 아니다. 편견 없이 내면적 진화를 지켜볼 사람이 자신밖에 없다. 그래서 잠시 나에 대하여 말하고자 한다. 나는 3년 전 여름, 44년 동안 살아왔던 내 과거와 작별하는 상징성을 나에게 부여했다. "다시는 과거로 되돌아가지 않으리라." 이것이 서울역을 떠나는 나 자신에게 한 말이었다. 첫 번째 책 《익숙한 것과의 결별》에서 나는 이때의 심경을 다음과 같이 기록해두었다.

내가 1997년 8월 9일 진주를 향해 내려갈 때, 남쪽으로부터 태풍이 올라오고 있었다. 태평양 한가운데서 발생한 허리케인인데, 엘니뇨 때문에 북미로 못 가고 북동아시아로 올라오는 갈 곳을 잃은 태풍이었다.

날씨는 무덥고, 아직 맑았다. 아직 태풍의 영향권 안에 들지 않은 모양이다. 열차는 오래도 달린다. 아침에 처가 서울역까지

태워다주었고 대합실에서 간단히 커피 한 잔씩을 마셨다. 개찰구 앞에서 손을 흔들고 헤어지면서, 평소와 다른 눈길의 얽힘이 있었다. 한 달 동안 떨어져 있은 적은 거의 없었다. 짧은 이별의 감회를 눈 속에서 읽을 수 있었다. 이제 진주에 거의 도착할 시간이 되었다. 진주가 눈에 들어오면서부터, 내가 이곳에 마지막 온 것이 거의 17년 전쯤 된다는 것을 상기했다. 그때 몇몇 친구들과 함께 이곳에 와서 어느 로터리 근처에서 맷돌에 간 콩국에 한천을 넣은 콩국수를 거리에 쭈그리고 앉아 먹은 기억이 새롭다. 진주의 기억이 양귀비꽃보다 더 붉은 마음의 논개와 촉석루가 아니라, 콩국수로 남아 있다는 것이 우스웠다. 덕산으로 가는 시외 버스를 타기 위해 차부에 도착하여 콩물 한 사발을 마시고, 버스에 몸을 실은 것은 오후 2시 30분경이었다.

'하늘이 울어도 울리지 않는' 지리산 천왕봉이 보이는 마을 덕산에는 '산천재'라고 불리는 아주 작은 한옥이 보존되어 있다. 남명 조식이 살던 곳이다. 평생 벼슬에서 멀리 있었지만, 이치만 떠들고 행함이 없던 당시의 지도자들은 감히 따를 수 없는 마음의 실행을 중하게 여긴 사람이다. 동주 이용희는 남명을 그리며 한탄했다.

"정치가는 다 망해갈 때도 최상이라고 말하지만, 학자는 가장 좋은 시절에도 의문을 제기하는 사람이다."

남명은 바로 그런 학자였다. 남명 선생이 사시던 곳이며, 덕천서원이 운치 있게 있는 곳도 바로 이곳 덕산이다. 지리산을 오르는 산행길의 발단이 되는 중산리까지 10여 분만 더 가면 되는 곳이다. 어느 시골의 중소 마을처럼 덕산도 도로를 따라 길게 상가가 늘어선 그런 곳이다. 택시를 잡아 타고 유점 마을까지 들어오니 5시가 다 되어온다. 내가 찾아온 '그 집'은 대나무 숲에 싸여 있었다.

한 달 동안 회사에 휴가를 내고 내가 찾아간 곳은 바로 그런 곳이었다. 나는 나이가 들면서 조금씩 늘어가기 시작하는 체중을 게으름과 무절제의 탓으로 돌렸다. 배가 나오기 시작한 지난 몇 년은 또한 내장 속의 기름기가 짐승의 곱창처럼 끼어가기 시작한 시기라고 매도했다. 나는 물리적 죽음이 오기 전에 정신적인 죽음을 맞고 싶었다. 그리고 다시 환생하고 싶었다. 나는 내가 '먹고살기 위해' 내가 아닌 무엇인가가 되었다는 합리화에 분명한 책임을 요구하고 싶었다.

지리산에서 한 번에 열 알 정도의 포도만 하루 다섯 번 먹고 한 달을 굶고 지낸다는 것은, '먹고산다'는 뜻 그대로 최소한의 것만 있다면 우선 내가 하고 싶은 일을 하며 살겠다는 뜻을 자신에게 전하고 싶었기 때문이었다.

지리산에서 보낸 한 달은 내가 나에게 선언한 '나의 날'이었다. 나는 이 상징성을 통해 세 가지를 얻었다. 하나는 생활이 쌓아놓은 비계와 노폐물을 줄이는 것이었다. 둘째는 글을 쓰기 시작한 것이다. 언젠가 책을 한 권 쓰고 싶다고 막연히 바라왔던 것을 시작할 수 있었다. 그리고 세 번째로 하루에서 2시간을 빼낼 수 있는 방법을 찾아냈다.

다시 3년이 지나, 2000년 3월에 나는 또 하나의 주술적 상징을 나에게 걸어두었다. 20년간 다니던 회사를 그만두고 '구본형 변화경영연구소'를 시작하기 전에 한 달 반 동안 전라남도의 해안가를 떠돌아다녔다. 나는 푸른 바다를 지나는 바람이고 싶었다. 네 번째 책, 《떠남과 만남》의 서문은 다음과 같이 끝을 맺었다.

여행은 그러나 도피가 아니다. 우리는 돌아오기 위해 떠난다. 버리기 위해 떠나는 것이고, 버린 후에 되돌아오는 것이다. 여행을 통해 우리가 얻으려는 것은 없다. 오직 버리기 위해 떠난다. 소유한 것이 많으면 자유로울 수 없다. 매일 걸어야 하는 사람에게는 배낭 하나도 무거운 짐이다. 무엇을 더 담아 올 수 있겠는가?
나는 여행을 통해 20년간 나를 지배해온 관습을 버리려고 했다.
출근하기 위해 아침에 하는 면도.
평일 대낮의 자유를 비정상성으로 인식하는 사회에 대한 공포.
지위가 높은 사람에게서 느끼는 심리적 압박.
월급에 대한 안심.
그리고 인생에 대한 유한 책임.
20년 만에 주어진 한 달 반의 여행은 이렇게 시작되었다.

2부. 입문: 새로운 세계와의 만남

2000년 봄, 다시 새로운 '3년간의 자기 혁명 프로젝트'를 계획하면서 나는 20년 만의 휴가다운 휴가를 통해, 마음속에 쌓여 있는 묵은 허섭스레기들을 버리는 것부터 시작했다. 내가 버리려고 했던 것은 '어떤 속박'이었다. 그리고 버림으로써 내가 얻으려고 했던 것은 좀 더 많은 자유였다. 꿈꾸어온 대로 살아갈 수 있는 자유. 내가 될 수 있는 자유. 이것에 대하여 나는 다시 《떠남과 만남》에서 다음과 같이 썼다.

서양식 자유의 추구는 속박에 대항하여 그것을 제거함으로써 이루어진다. 그러나 과거의 속박이 제거되면 새로운 속박이 출현한다. 동양에서 자유를 얻는 방법은 속박에서부터 물러나는 것이다. 예를 들어 유가儒家에서는 "쓰임을 받으면 행하고, 버림을 받으면 숨는다用之則行 舍之則藏"고 말한다. 거친 밥을 먹고 물 한 그릇을 마시며 누추한 곳에 누웠어도 즐거움은 그 안에 있다고 말한 것은 공자이다. 그러나 유가에서의 물러남은 기다림의 수단이지 진정한 즐거움이 아니다. 치국평천하治國平天下가 늘 유가의 이상이다. 그래서 기다림에 지친 공자는 천하를 주유하며 등용되기를 바랐고, 난세에도 뜻을 펴고자 했다.

반면 도가道家는 철저히 물러나 마음을 비우고 외부의 사물에서 초월하여 격리를 즐긴다. 세상을 구하고 도를 펼치는 자체가 부자연스러운 것이다. 도연명의 〈귀거래사〉에서 한 구절을 인용한다.

"그만두어라

이 우주 간에 몸 맡길 날이 얼마나 남았는가 어찌 마음대로
머물고 나아가지 못하는가

무엇을 위하여 허겁지겁 어디로 가려는가…

기분이 좋을 때는 홀로 나다니고

때때로 지팡이 꽂아 놓고 김을 매노라…

잠시 자연에 맡겼다가 돌아갈 뿐이니"

세상에 나가 출세를 하는 것은 광명의 길이 아니다. 자유를
구속하는 족쇄와 사슬일 뿐이다. 마음을 바꾸는 것은 몸을 자
유롭게 할 뿐 아니라 마음을 평화롭게 한다. 중국 런민대학교 교
수인 장파張法는 이를 보고 "도가는 유가를 구조적으로 보완하는
데 성공했다"고 말한다. 자신을 알아주는 군주가 있어 벼슬길이
순탄하면 유가에 의지하여 일에 힘쓰고, 모함을 받아 그 길에 어
려움이 생기면 도가에 의지하여 숨어 홀로 궁함을 지킨다. 이러
한 보완이 바로 중국 문화의 안정성과 통합성이라는 것이다.

나는 이렇게 생각한다. 공자는 적극성의 상징이다. 공자는 보
수와 권위와 구태의연이 아니다. 그의 본질은, 뜻을 세워 공부하
고 배운 바를 실천함으로 세상을 이롭게 하는 것이다. 상징적 공
자가 죽으면, 사람이 세상과 맺은 모든 인연이 끊어진다. 노자와
장자는 마음의 평화이다. 물러나 곧 자연이 된다. 문화적·사회적
속박으로부터 자유롭다는 것을 의미한다. 바로 반문화적 문화라

고 부를 수 있다. 누가 옳고 누가 그른 것이 아니다. 우리는 두 가지가 모두 필요하다. 도연명의 경우가 그렇다. 그는 처음에는 유가였다. 힘을 다하려 했지만 벼슬을 계속할 수 없었다. 그는 세상으로부터 되돌아와, 자신의 본래의 본성이 원래 자연 속에 머무는 것을 좋아했다고 믿는다. 도연명은 "말하고자 하되 말을 잊었다"고 표현한다. 그의 심리적 전환은 여기서 완성된다.

공자와 노자와 장자가 서로 다른 사람들이 아니고 우리의 삶을 서로 보완하는 한 사람으로 인식될 때, 우리는 세상에 나가서도, 자신으로 들어와서도 자유롭다. 자유는 혹시 나아가 세상을 바꾸고, 들어와 자신을 바꾸는 것이 아닐까?

상징적인
'나의 날'을 만들어라

우리는 삶을 미루는 경향이 있다. 아마 가장 슬픈 일 중의 하나일 것이다. 카뮈Albert Camus는 "미래를 향한 진정한 관용은 현재 존재하는 것에 모든 것을 다 바치는 것"이라고 했다. 지금 모든 것을 바치는 사람만이 미래를 만들어낼 수 있다. '최선의 지금'이 곧 '최선의 미래'로 가는 길이다. 이것이 준비하는 사람의 자세이다. 바라는 미래는 지평선 너머에서 갑자기 마술처럼 나타나 당신을 기쁘게 해주지 않는다.

'3년간의 자기 혁명 프로젝트'를 시작하려는 사람은 어떤 형태이든 '나의 날'이라는 상징성을 스스로에게 부여하는 것이 좋다. 그리고 치열한 현재를 살 것을 다짐해야 한다.

3일간의 단식을 시작해도 좋다. 혹은 사흘쯤 휴가를 내어 배낭을 메고 설악산이나 지리산을 올라도 좋다. 그리고 대청봉이나 천왕봉에서 자신에게 분명하고도 확고하게, '이제는 결코 과거로 돌아가지 않으리라'는 것을 확인시켜라. 이제는 가장 나답게 살게 될 거라고 주술을 걸어라. 내게 주어진 것이 아무리 작은 재능일지라도 나에게만 주어진 것이기 때문에 인류 전체를 위한 선물이 될 수 있다는 것을 스스로 믿어라. 그리고 이날 이 자리에서 햇빛이 쏟아지는 정상에서 멀리 그 웅장한 산맥들을 바라보며 선언한 것임을 기억하라.

아니면, 아주 좋은 곳에서 자신에게 포도주 한 잔을 사라. 술을 마시며 자신에게 보내는 짧은 편지를 써라. 오늘 이 자리가 그대의 개인적 역사의 새로운 시작이라는 것을 분명히 선언하라.

아니면, 정동진에서 뜨는 해를 보고, 열심히 서쪽으로 달려와 안면도나 강화도에서 서해로 지고 있는 아침의 그 해를 쳐다보라. 그것이 인생이라고 생각해보라. 그리고 다행히 내일 하루 더 마음대로 할 수 있는 시간이 남았다고 상상해보라. 이날 당신은 아주 새로운 인생을 시작할 것이라고 선언하라. 그리고 그 일을 잊지 마라.

이 단계에서 해야 할 일 ④

첫째, 당신이 묻어야 할 과거가 무엇인지 한 장 이내로 써라.

둘째, 지금부터 일주일 이내에 '나의 날'을 선언하라. 그리고 이 위대한 날을 위한 의식rite of passage을 구상하라. 가장 감동적인 방법으로 기획하라. 당신을 위한 당신만의 날이다. 이날을 위해 돈을 아끼지 마라. 이날은 오직 당신을 감동시키기 위한, 조촐하지만 위대한 통곡의 날이 될 것이라고 다짐하라.

이날을 기점으로 당신은 묻어두어야 할 과거를 떠나보내야 한다. 다른 사람에 대한 의존, 고용의 불안정에 따른 불안, 거짓 희망과 대박을 믿는 허황된 마음, 나태한 일상, 다른 사람이 가는 길을 따라가려는 안이함, 무기력 등 그것이 무엇이든 스스로 정리한 과거를 단호히 흘려보내라. 그리고 제3단계에서 만들어놓은 '자기 혁명의 지도'를 따라 자신의 내부를 향한 탐험을 시작하게 되었음을 선언하라.

5장

하루는 22시간이다

시간은 비밀이다.
실체가 없으면서 전지전능하다.

토마스 만 Thomas Mann

좋아하는 일에 쓰는 시간은 잡일에 지친 심신을 구해준다

1920년대에 미국에서 가장 많은 인세를 받은 작가 중에 메리 로버츠 라인하르트^{Mary R. Reinhart}라는 여자가 있다. 그녀는 50권도 넘는 소설을 썼다. 메리가 처음 글을 쓰기 시작했을 때의 상황은 그녀 인생에서 가장 힘들 때였다. 그녀는 언젠가 글쓰기를 배워야겠다고 늘 생각해왔지만, 아이가 셋이나 딸려 있었고, 몸을 잘 가누지 못하는 어머니가 계셨다. 자신을 위하여 별도로 시간을 낼 수 없었다. 그럭저럭 살고 있었는데 뜻하지 않게 경제적 위기가 닥쳐왔다. 그녀는 빚 때문에 정신을 차릴 수가 없었다. 그래서 글을 써서 푼돈이라도 좀 벌어보고 싶었다. 낮 동안 틈틈이 시간을 내었고, 밤에 아이들이 잠든 후에 시간을 내어 글을 썼다.

이상한 것은, 이러한 작업이 잡일에 지친 그녀를 더욱 피곤하게 하지 않았다는 것이다. 오히려 그녀의 생활은 새로운 활력을 찾았다. 왜냐하면 글 쓰는 일은 그녀가 늘 하고 싶었던 일이 었기 때문이다.

하고 싶은 일을 한다는 것은 우리에게 활력을 준다. 좋아하기 때문이다. 이 단순한 사실을 잊게 될 때 우리의 삶은 힘들고 피곤하다. 그저 고행일 뿐이다. 힘겹게 먹고살고 겨우 아이를 키울 수 있겠지만, 자기 자신을 어디서 찾을 수 있을까? 젊었을 때 가지고 있던 그 많은 흥분과 열정의 미래는 어디에 있을까? 생애는 이렇게 허망하게 끝나고 마는 것일까? 삶의 시간은 마치 양쪽에 불이 붙은 종이처럼 걷잡을 수 없이 타들어가는데, 아무것도 이루지 못한 지금의 나는 무엇인가?

많은 사람이 범하고 있는 잘못은, '지금' 자기가 원하고 있는 일을 하고 있지 않다는 점이다. 그렇기 때문에 열정이 없다. 미래에 대한 희망 역시 밝고 환하지 않다. 그렇기 때문에 가끔 우리를 되돌아볼 때, 아무것도 이루지 못했다고 여기는 것이다. 미래에 대한 열정을 가지고 지금 자신이 좋아하는 즐거운 일에 몰입하고 있지 않기 때문에 불행한 것이다.

삶과 일이 혼연일체가 되는 때가 가장 즐겁다. 창조적인 사람들은 "내가 한평생 1분도 쉬지 않고 일을 했다는 말도 맞고, 내가 단 하루도 일이라는 생각을 가지고 일한 적이 없다는 말도 옳다"고 표현한다. 일과 취미가 녹아 있는 상태를 우리는 '좋아하는 일을 하고 있다'고 정의할 수 있다.

두 번이나 노벨상을 받은 생물학자인 라이너스 폴링은 이렇게 말했다. "무슨 일을 하며 살아가지? 나는 이런 걱정을 한 적이 없다. 그저 하고 싶은 일을 하면서 무작정 밀고 나갔을 뿐이다." 심리학자인 도널드 캠벨D. T. Campbell도 젊은 후학들에게 이렇게 충고한다. "명예가 주어지면 즐겁게 받을 일이지만, 그러나 여러분을 즐겁게 하는 것은 일 자체라는 사실을 잊지 마라."

성공은 추구해서 얻어지는 것이 아니다. 돈 역시 그 뒤를 따라다닌다고 하여 얻어지는 것이 아니다. 돈과 성공은 목적이 아니다. 그것들은 결과로 주어진다. 게임을 하는 사람이 원하는 것은 승리일 것이다. 승리는 점수로 결정된다. 그러나 점수 자체가 목적은 아니다. 점수에 매이면 경기를 풀어나갈 수 없다. 경기 자체가 목적이고 거기에 몰입해야 점수가 좋아지고, 마침내 승리할 수 있는 것이다.

모든 사람이 이 사실을 알고 있다. 그러나 대부분의 사람들은 늘 점수에 매여 있다. 마치 우리가 성공과 돈에 매달려 있듯이. 그래서 승리는 늘 다른 사람들의 것이 된다. 일 자체에 몰입하고 그 분야에서 기량을 쌓다 보면, 우리의 삶은 풍요로워진다. 이것이 성공이다. 명예와 돈은 그런 사람에게 주어지는 선물이다.

여가와 일의 역설

일은 소중한 것으로 여겨진다. 일을 통해 자기 정체성과 자부심을 얻고 싶어 한다. 미국인들의 경우, 조사에 응한 84%의 남자와 77%의 여자가, 부모로부터 유산을 상속받아 일을 하지 않고도 여유롭게 살 수 있다 하더라도 직업을 가지겠다고 응답한 것으로 나타났다.

그러나 또 사람은 일에서 벗어나고 싶어 한다. 고대 그리스인들은 일하지 않는 자만이 행복하다고 생각했다. 아리스토텔레스는 이렇게 말했다. "품삯을 받고 일하는 것은 천하다. 자유민에게 어울리지 않는다. 수공업자의 일도 천하기는 마찬가지고 장사치도 그렇다. 여가만이 인간을 자유롭게 한다." 기름진 땅을 정복하거나 사들여 관리인을 두고 노예나 소작인들에게 일을 시키고 자신들은 놀고먹는 것이 그들의 이상이었다. 제정로마인들도 성인 남자의 20%는 일을 하지 않았다.

일이 삶의 가장 중요한 요소이면서도 일하는 순간에는 그것에서 벗어나고 싶어 하는 일의 이중성 앞에서 우리는 일상을 영위하고 있다. 학생들의 경우에도 마찬가지다. 본업인 공부는 일에 해당된다고 믿고 있다. 공부가 자신의 미래에 중요한 것이라고 생각한다. 고도의 집중력을 필요로 하고, 자부심을 높여 준다고 믿는다. 그러나 공부하는 동안에는 그것에서 벗어나고 싶어 한다. 어른들이 일에서 벗어나고 싶어 하듯이.

일과 여가는 서로를 그리워한다. 사람들이 가장 끔찍하게 느끼는 때는 일을 할 때가 아니다. 일도 아니고 놀이도 아닌 것을 할 때 가장 괴로워하는 것으로 보고되어 있다. 평범한 유지 활동, 그렇고 그런 만남, 수동적 여가 활동일 때 지리하고 짜증나고 만족할 수 없다.

여가에 대하여 조금 더 자세히 들여다보도록 하자. 성인들은 하루의 1/3은 일하는 데 쓴다. 그리고 1/3은 수면과 휴식으로 보낸다. 나머지 1/3이 겨우 비교적 자유로운 시간이다. 그러나 그 1/3조차 자신의 마음대로 하기 어렵다. 이 중 50%, 즉 하루 전체의 1/6 정도인 네 시간 정도는 일을 하기 위한 유지활동으로 사용하고 있다. 출퇴근에 들어가는 시간, 식사 시간, 먹고 씻고 간단한 몸치장을 하는 시간 등을 빼고 나면, 수중에 남은 시간은 겨우 네 시간 남짓밖에 되지 않는다. 우리가 숨을 돌릴 수 있는 시간이다. 바로 여가 시간이다.

여가 시간 동안 우리는 주로 TV를 보거나 신문을 본다. 가끔 책도 읽는다. 영화를 볼 때도 있고, 외식을 할 때도 있다. 그저 빈둥거리기도 하고 담소를 나누기도 한다. 친구를 만나 술을 한잔하기도 한다. 운동을 하기도 하고 취미 활동도 한다. 여가 시간에 할 수 있는 활동은 크게 능동적 여가 활동과 수동적 여가 활동으로 나누어질 수 있다.

적극적인 방법으로 자신의 취미를 추구하는 능동적 여가 활동은 인간에게 훨씬 더 많은 몰입의 즐거움을 경험하게 해준다. 능동적 여가는 아주 긍정적인 경험을 낳는다. 운동, 악기 연주, 화초 가꾸기, 요리 등 좋아하는 일을 할 때 행복하고 의욕에 넘쳐나며 집중력이 높아진다. 행복은 몰입의 결과이다. 몰입한 상태에서는 내면의 상태를 음미할 수 없다. 따라서 행복한지 불행한지조차 알 수 없다. 경험의 다양한 차원이 밀도 있게 집약되면서 조화를 이룬다. 시간조차도 1시간이 1분처럼 지난다. 몰입의 상태가 끝났을 때, 그 일이 무엇이었던가를 되돌아보면서 우리는 행복할 수 있다.

그러나 대부분의 경우, 능동적 여가는 자유로운 시간의 1/4 내지 1/5에 지나지 않는다. 나머지는 다른 사람이나 매체에 의존하는, 별다른 집중력을 요구하지 않는 수동적 여가에 낭비되고 있다. 미국 시카고대학교의 심리학·교육학 교수인 미하이 칙센트미하이Mihaly Csikszentmihaly의 조사 보고서에 따르면, 미국의 10대는 TV를 보는 동안 13%, 취미 활동을 할 때 34%,

운동이나 게임을 할 때는 44%가 몰입을 경험한다. 그런데도 이들 10대는 취미나 운동보다는 TV를 보는 데 4배나 더 많은 시간을 쓰고 있다. 왜 그럴까? 재미는 덜해도 편한 것을 택하기 때문이다. 이 점이 바로 수동적 여가가 끼어드는 빌미가 된다.

이런 의미에서 여가는 더할 나위 없는 즐거운 기회이면서 벗어나기 힘든 함정이기도 하다. 여가는 일보다 즐기기가 더 어렵다. 쉬는 게 나쁘다는 것은 아니다. 문제가 되는 것은, 이런 수동적 태도가 여가를 보내는 유일한 방법이 될 때부터이다. 이런 태도가 습관이 되면 삶은 무너져 내릴 수밖에 없다.

수동적 여가를
적극적 여가로 바꿔라

지금까지 우리는 스스로를 설득하여 3년을 기한으로 자기 혁명을 기획했다. 남은 인생을 걸 단 한 가지의 프로젝트를 시작한 것이다. 강은 진로를 바꾸어 흐르기 시작했고 과거의 나는 죽었다. 미래를 향해 흐르는 강물 위에 이미 들어선 것이다. 이제 실천만이 남아 있다.

실천은 당신 가슴속에 자신에 대한 자긍심을 높여주고, 거짓 희망이 아니라 내가 바라는 꿈의 세계로 들어서고 있다는 생생한 현실적 기쁨을 줄 것이다. 그 일 자체가 즐거움이 되고, 배움의 빛은 어둡던 주위를 밝혀 조금씩 넓어지는 세계를 보여줄 것이다. 그리고 그 세계가 눈부시게 빛나고 있다는 것을 알게 해줄 것이다. 너무 찬란하여 감히 마주 보지 못하고, 그저 팔을 벌리고 안을 수밖에 없을 것이다.

떠나기 전에 지도를 보고 머나먼 여정의 전율을 즐겼던 것과 같다. 우리는 온몸으로 가보고 싶은 곳을 결정했다. 거기까지 가는 동안 거쳐야 할 경유지들을 정했다. 그리고 바꿔 타야 할 기차와 버스, 꼭 들러야 할 역사적 유적, 느껴야 할 풍광, 맛보아야 할 음식, 그리고 만나게 될지도 모르는 어떤 아름다운 우연까지 우리의 여정에 짜 넣었다. 그리고 이것이 자신의 운명을 바꾸게 해줄 것이라는 간절한 주술도 걸어두었다. 막 가방을 챙겨 집의 대문을 열고 나섰다. 오래전 젊은 날, 집을 나설 때의 기분으로 이제부터 실제의 탐험을 시작하면 되는 것이다. 매일매일, 순간순간의 여행을 즐기면 된다. 인생은 아름답다.

이제 우리가 이미 작성한 '자기 혁명의 지도'를 따라 매일 두 시간씩 좋아하는 일에 시간을 낸다는 뜻이 무엇인지 분명해졌다. 이 말은 그저 땀 흘려 노력하라는 말이 아니다. 매일 두 시간씩 자신의 인생을 즐기라는 말이다. 노래하고 술 마시고 춤을 추는 것보다 더 좋은 것이, 좋아하는 일에 푹 빠져보는 것이다. 그것보다 더 훌륭한 취미는 없다.

하루에 두 시간을 헐어낸다는 것은, 기술적으로는 네 시간 남짓한 여가 시간 중에서 산만하고 몰입의 정도가 낮고 지루한 수동적 여가에 쓰이던 시간을 적극적 여가로 전환시키라는 의미이다. 이 책 전체를 통해 수없이 강조한 '재능에 맞는 좋아하는 일'의 중요성이 여기서도 핵심을 이루고 있다. 단순한 노력이 아닌 몰입을 이끌어낼 수 있는 유일한 조건을 만들어내고 있는 것이다. 하루에 일부러 두 시간씩, 필요하지만 하기 싫은 일을 위해 매일 시간을 내야 한다면, 그것은 고역이다. 평범한 사람은 그 고역을 오래 참을 수 없다. 중간에서 그만두게 되는 것은 의지가 약해서라기보다는 '해야 될 그 일'이 하고 싶은 일이 아니라는 데 있다.

매일 시간을 떼어내기 위해서는 그 시간에 우선적 중요성을 부여하지 않고는 불가능하다. 즉 다른 것 다 하고 남는 시간에서 두 시간을 떼어내겠다는 생각으로는 3일을 넘기기 어렵다. 먼저 두 시간을 떼어낸 후, 나머지 스물두 시간을 가지고 다른 일을 하는 것이 유일한 방법이다. 먼저 즐겨라.

새벽에 두 시간을 떼어 쓰는 것이 가장 좋은 방법이다. 새벽에는 다른 일의 유혹이 없다. 하루를 좋아하는 일로부터 시작한다는 것은 축복이다. 하루 전체가 여유 있어진다. 그다음으로는 저녁 늦게 두 시간을 쓰는 것이 좋은 방법이다. 하루를 끝내기 전에 좋아하는 일에 빠졌다가 행복하게 잠자리에 들 수 있다. 그러나 다른 일상의 일—동료와의 술자리, 야근, 사업상의 만남 등—로 침해받을 수 있다. 세 번째 등급의 방법은, 두 시간을 둘 내지 셋으로 쪼개어 휴식이 가능한 시간마다 사용하는 것이다. 이 방법은, 바쁜 날은 잊게 되고 최우선적 순위에 의해 보호되기 어렵다는 단점이 있다. 마지막 방법은 일주일에 하루를 할애하는 방법이다. 가족이 없는 사람들은 써볼 만한 방법이지만, 주5일 근무가 되기 전까지는 기혼자에게 적합한 방법이 아니다.

첫 번째 방법을 선택하는 것이 가장 좋다. 특히 처음 2년간 은 일찍 일어나는 것이 지속성의 성패를 결정할 만큼 중요하다. 습관이 되면 새벽 4시, 5시에 일어나는 것이 어려운 일이 아니 다. 7시에 일어나는 것처럼 자연스럽다. 그 대신 저녁에 일찍 자 는 습관을 길러야 한다는 점을 잊어선 안 된다. 사회 생활을 하 는 젊은 사람이 초저녁에 자는 시간을 맞추기는 어려울 것이 다. 그러나 걱정하지 않아도 된다. 어쩌다 늦게 자게 되더라도 습관이 되면 새벽에 정해진 시간에 깨게 되어 있다. 이날은 절 대 수면량이 부족하기 때문에, 그다음 날은 가능하면 아무 약 속도 만들지 않고 자연히 일찍 들어와 자게 되는 것이 상례이 다. 수면 보충은 이런 자연스러운 사이클을 따르게 된다. 특별 한 일이 있어 하루를 빼먹게 되면, 다른 시간대를 택하여 잊지 말고 보충하는 것이 중요하다.

늘 일정한 양의 시간을 좋아하는 일에 쏟기 위해서는 편안 함은 금물이다. 매일 꾸준히 해서 습관을 들여야 한다. 또한 적 절한 집착이 중요하다. 모든 애정은 어느 정도의 집착에서 벗어 나기 어렵다. 중요한 것은 돈과 성공에 대한 집착이 아니라, 삶 과 애정이 만들어놓은 집착이어야 한다는 점이다.

이 단계에서 해야 할 일 ⑤

첫째, 두 시간을 하루의 어디에서 뺄 것인지를 분명히 정하라. 그리고 네 번째 단계인 '나의 날'의 상징적 의식이 끝난 다음 날부터 즉시 실천하라.

둘째, '자기 혁명의 지도'를 꺼내어, 최초 6개월 혹은 1년 동안 해야 할 일의 세부 계획서를 만들어라. 이것은 고생하여 얻어낸 하루 두 시간을 낭비하지 않기 위해서다. 의외로 많은 사람들이 모처럼 낸 시간을 일관성 없는 일을 하느라고 낭비하는 것을 많이 보았다.

참고로, 최초 1년은 독학의 시간이다. 관련 분야의 좋은 책을 10권쯤 골라 자신의 언어로 정리하는 것부터 시작하는 것이 좋다. 그리고 10명쯤의 관련 분야 전문가를 네트워크로 연결하여 배우도록 하라.

그다음 1년간은 실험 시기이다. 공부한 것을 자신에게 비추어 보고, 일하는 조직 내에서 직접 현업에 적용하여 실험해 보라. 책 속의 이론을 교정하여 현실에 적용할 수 있는 단단한 기초를 닦아라. 매일 두 시간은 실험을 계획하고, 그 결과를 정리하고 이론과 비교하여 자신의 소견을 기록해두는 시간으로 잡아라. 이 기간 동안 목소리에 현실적 힘을 실어두어야 한다. 현업에서 좋은 실험 결과를 얻기 위해 다음과 같은 몇 가지의 요령을 습득할 필요가 있다.

① 활동의 전체 맥락을 늘 염두에 두도록 한다. 지금의 행동이 전체에 미치는 영향을 고려하라.

② 상황이 요구하는 수준 이상으로 정성을 쏟아부어라. 남다른 의미를 찾아낼 수 있을 것이다.

③ 일을 더 잘할 수 있는 방법을 강구하라. 부가가치가 낮은 것을 없애는 것 역시 좋은 개선책임을 명심하라.

④ 일에 대한 태도를 바꾸면, 넌더리 나는 일도 꽤 괜찮은 일로 바뀐다. 그 비결은 다음과 같다. 첫째, 무슨 일이 일어나면 왜 그러한 일이 일어났는지 명확히 이해하라. 둘째, 자신의 방식이 유일한 업무 처리 방식이라는 독선적 자세를 버려라. 셋째, 대안을 모색하여 더 좋은 방법이 나타날 때까지 실험을 계속하라.

⑤ 의무감을 가지고 일하지 마라. 오직 스트레스밖에 없다. 일이 놀이가 되도록 하라.

마지막 1년간은 자신을 업계에 알리는 작업에 착수하라. 홈페이지를 만들고 네트워크를 확산하고 자신이 배우고 익힌 것들을 온라인에 올려, 관심 있는 사람들이 이 사이트에서 격조 높은 정보를 얻어 갈 수 있게 하라. 세미나에도 참석하고, 강연회나 출판 등 자신을 세상에 알리는 데 적절한 노력을 하라.

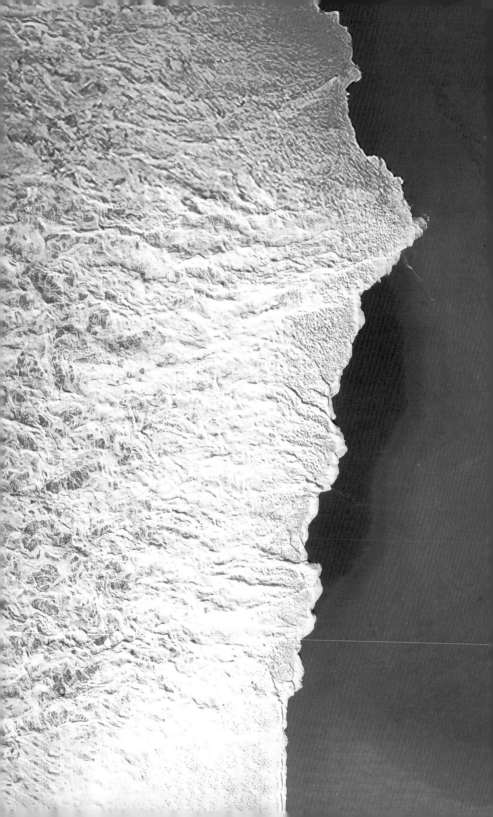

귀환:

다시 세상 속으로 뜨겁게

미천한 종, 나의 날은 끝났다.
나 역시 불붙어 이름을 얻으니, 사슬 갑옷의 사제
바코스.

에우리피데스Euripides

변혁의 시대에는 '배우려는 사람'들이 세상을 물
려받게 되어 있다. 이미 배운 것으로 만족하는 사
람들이, 더 이상 존재하지 않게 된 세상에 스스로
가장 적합하다고 착각하는 동안에.

에릭 호퍼 Eric Hoffer

6장

최초가 되라

다시 산다면 나는,
내가 될 수도 있었지만
한 번도 되어보지 못한 사람이 되고 싶다.

조지 버나드 쇼 George Bernard Shaw**, 임종 전에**

우리는 성공하기 위해 이 세상에 온 것이 아니다.
우리는 세상을 창조하는 일을 돕기 위해 이곳에 있다.

《우파니샤드》

"축하합니다,
고르스키 씨"

아폴로의 우주인 암스트롱Neil Armstrong이 달에 첫발을 내디 뎠을 때 한 말을 여러분은 기억할 것이다. "인간의 작은 한 걸음, 그러나 인류를 위한 거대한 도약One small step for man, but giant leap for mankind." 그 외에도 그는 몇 마디의 코멘트를 했는데, 대 부분 휴스턴에 있는 통제 사령부에서 청취되었다. 그중에 "축 하합니다, 고르스키 씨Good Luck. Mr. Gorsky"라는 말도 있었다. 사 람들은 그 말이 어떤 러시아 우주인의 이름이려니 생각했지만, 그런 이름을 가진 러시아 우주인은 없었다. 그 후 여러 사람들 이 기회가 있을 때마다 그 말의 뜻을 암스트롱에게 물어보았으 나, 그는 말하려고 하지 않았다.

1995년 7월 5일, 그가 플로리다의 탬파베이에서 강연을 마 쳤을 때, 사람들은 또다시 그 말의 뜻을 물어보았다. 암스트롱 은 고르스키 씨가 이제는 죽었다고 생각한다며, 26년간 묻어

둔 비밀을 털어놓았다.

암스트롱이 어린아이였을 때, 어느 날 그는 뒤뜰에서 형과 함께 야구를 하고 있었다. 형이 친 공이 날아가 이웃집 담을 넘어 그 집 부부의 침실 창문 아래까지 굴러갔다. 이웃집에는 바로 고르스키 부부가 살고 있었다. 공을 주우러 갔다가 그는 침실 창문 너머로 고르스키 부인이 남편에게 쏘아붙이는 말을 들었다.

"오랄로 해달라고? 흥, 오랄 섹스 좋아하네. 옆집 꼬마 새끼가 달 위를 걷는 날, 그때는 내 해주지. 그 전엔 꿈도 꾸지 마."

그녀는 그 '옆집 꼬마 새끼'가 최초로 달을 걷게 될지 몰랐다(나는 암스트롱이 처음 달을 걷던 날, 그녀가 남편에게 아주 오래전에 한 약속을 꼭 지켰기를 바란다). 이것이 인간사이다. 무엇을 최초로 한다는 것은, 바로 우리가 세상을 만들어가는 일에 참여하고 있다는 것이다. 아주 작은 일이지만, 나로 인하여 인류가 한 번도 겪어보지 못한 무엇인가가 인류사에 더해진다는 것을 의미한다. 아직 아무도 하지 않은 일, 오직 나만이 할 수 있는 일을 해낸다는 것은 그런 의미이다.

기회와 리스크의
새로운 정의

만일 10년쯤 전에 앞으로 어느 나라가 무선 통신 휴대 장비의 새 역사를 창조할 것 같으냐는 질문을 받았다면, 대부분 미국이나 일본 혹은 독일 같은 기술 선진국들의 이름을 대었을 것이다. 적어도 1년 내내 눈밖에 없고, 인구 500만에 불과한 전통적인 임업국인 핀란드를 꼽는 사람은 아무도 없었을 것이다.

그러나 지금 핀란드의 헬싱키는 세계 10대 하이테크 도시가 되었다. 전자업체만 400개에 달하고 있다. 노키아의 요르마 올릴라 회장, 리눅스를 창업한 리누스 토르발스가 그곳에 포진하고 있다.

핀란드 주재 한국 대사는 어느 기고문에서 핀란드와 노키아에 대해 소개한 적이 있다.

핀란드는 유럽에서 네 번째로 큰 나라이지만 인구는 500만 명에 불과하다. 그중 약 250만 명이 휴대폰을 소지하고 있으며, 10년 안에 휴대폰 보급률은 100%에 이를 것으로 예상된다. 또한 세계에서 가장 앞선 전자금융 시스템을 갖고 있다.

핀란드의 하이테크 문화를 촉진시킨 것은 국민들이 서로 멀리 떨어져 있는 지리적 조건과 불황이었다. 지난 1980년대만 해도 핀란드의 주산업은 제지와 펄프였다. 헬싱키에 본부를 둔 핀란드 최대 업체인 노키아도 전화기보다 고무장화로 더 잘 알려져 있었다. 그러나 1990년대 초 불황이 닥치자, 핀란드는 하이테크로 눈을 돌렸다. 정부는 국내 총생산GDP의 2.9%를 기술 연구·개발에 투입하기로 결정했다. 기업들은 해외 합작선과 전자 벤처 사업을 시작했고, 노키아는 무한한 휴대폰 시장을 발견했다. 곧이어 전 세계 사람들이 가는 곳마다 휴대폰 소리로 골머리를 앓게 됐고, 노키아는 연 300억 달러 이상을 벌어들였다.

노키아는 오울루 같은 곳의 대학들에 과학산업 단지를 설치하는 데도 투자했다. 이런 단지에는 정부의 벤처 자본 투자 그룹들이 지원한 새로운 업체들이 들어섰다. 대기업·정부·민간 투자가들 간의 협력 체제는 모험 기업들이 번창할 수 있는 분위기를 조성했다.

개인이든 기업이든, 불확실하고 익숙하지 못한 환경 속에서는 새로운 리스크를 피하게 마련이다. 대체로 가장 잘 알고 있는 리스크를 선택한다. 이것은 현명한 선택일 수 있다. 그러나 유감스럽게 이러한 선택은 전환기 경제가 주는 새로운 기회를 활용할 수 없게 만든다. 리스크는 새로운 정의를 필요로 한다. 그것은 '잃을 가능성chance of loss'이 아니라, '얻을 수 있는 기회 opportunity for gain'이다.

경영자들은 너무 도전적인 목표는 실패의 가능성이 높다고 생각한다. 사업성이 입증되지 않은 벤처 사업에 투자하면 거지가 될까 봐 두려워한다. 자기와 다르게 생각하고 행동하며, 다른 의사 결정을 내리는 사람을 믿기를 두려워하기 때문에 인재는 늘 부족하게 마련이다. 또 그들은 무형의 자산에 투자하는 것을 두려워한다. 단기적 수익을 내지 못한다고 생각하기 때문이다.

경영자뿐 아니라 우리 모두는 리스크로부터 자신을 보호하는 과정에서, 친숙하지 못한 것과 불확실한 것을 회피한다. 그러나 중요한 것은, 누구든 친숙하지 않고 확실하지 않은 것을 관리하는 법을 배우지 않고는 새로운 기회를 만들어 낼 수 없다는 사실이다.

피터 번스타인Peter Bernstein은 《리스크》에서, 리스크를 통제한다는 것은 현대를 규정짓는 가장 중요한 개념 중의 하나라고 주장하고 있다. 그에 따르면, 리스크 관리의 핵심은 "결과를 통제할 수 있는 부분을 최대화하고, 결과를 전혀 통제할 수 없는 대목과 인과관계가 파악되지 않는 부분을 최소화하는 것"이다. 행동 재무학Behavior Finance이라 불리는 리스크 관리 분야의 연구가들은, 사람들이 미지의 가능성보다는 알려진 가능성에 근거하여 리스크를 취하려는 경향이 있음을 알아내었다. 그들은 이것을 '애매성 회피ambiguity aversion'의 경향이라고 불렀다. 그러나 그들이 밝힌 또 하나의 중요한 사실은, 사람들은 자신이 특별히 잘할 수 있거나 잘 알고 있는 경우에는 모호한 믿음에 따라 도박을 하려 한다는 점이다.

기업의 유일한 희망은, 자신이 가지고 있는 특유한 자산과 역량에 맞도록 경쟁의 장을 바꾸는 것이다. 그러지 못하면 기업의 운명을 자신이 아닌 다른 무엇인가에게 맡기는 셈이 된다.

개인의 경우도 마찬가지이다. 우리는 필요하다면 리스크를 지긴 하겠지만, 먼저 리스크를 많이 지지 않고도 충분한 보상을 받을 수 있는 방법을 모색하지 않으면 안 된다. 이것이 바로 현재 안고 있는 제약을 극복하고 새로운 기회를 잡는 근본적인 방법이다. 그것은 자신의 특유한 자산을 발견하고 집중 투자함으로써 역량을 극대화시키는 것이며, 이에 상응하는 경제 영역을 찾아내어 특화하는 길이다. 특화는 더 세부적인 틈새로 스스로를 확장하고 깊어지는 특징을 가지고 있다.

예를 들어보자. 어떤 치과의사가 있었다. 그는 치과의사들이 너무나 많아 매우 경쟁적이라는 사실을 깨닫게 되었다. 그래서 그는 턱에 외상을 입어 손상된 경우의 치아를 치료하는 일만 전문으로 하게 되었다. 그러다가 그는 손상된 이뿐 아니라 손상된 턱 역시 치료의 대상이라는 것을 알게 되었다. 그는 의대에 다시 진학하여 턱도 바로잡고 치아도 교정할 수 있는 자격을 얻었다. 그리고 이 확실한 전문성 덕분에 그는 부자가 되었다.

또 한 예는 고물상 주인의 경우이다. 그는 우연히 고물 트럭 한 대를 500달러에 팔게 되었다. 그때 그는 그 트럭을 산 사람이 이를 해체하여 부품으로 파는 것을 보게 되었는데, 그렇게 하면 트럭을 통째로 파는 것보다 몇 배 더 받을 수 있다는 것을 알게 되었다. 그는 지금 중고 트럭 부품 사업을 하고 있다.

의사와 고물상 주인은 자신의 일에서 우연히 매력적인 틈새 시장을 발견하게 되었던 것이다.

틈새를 찾아 특화하라

김밥 전문가, 스트레이트 파마 전문가, 의료사고 전문 변호사, 문화담당 전문기자, 표정관리 전문가 등 전문가의 종류가 많기도 하다. 아무리 그것이 우습게 들리고 사기 같아도 그 말은 틀림없이 사회적 방향성을 지닌 강력한 영향력과 설득력을 지니고 있다.

사람들은 전문가라는 말을, "이 복잡한 세상에서 자신들이 모든 분야에서 다 훌륭하고 유능할 수 없다는 것을 솔직하게 인정하면서, 한 부분에서만은 탁월하다고 말하는 것"이라고 해석한다. 즉 전문가란, 다른 것은 못 하지만 한 분야에서는 신뢰하고 믿을 수 있다는 것을 파는 사람이라고 말할 수 있다.

그렇다면 전문가는 누가 되는 것일까? 누구나 될 수 있다. 예를 들어보자. 언젠가 나는 영등포에 있는 한 백화점에서 여의도에 있는 집까지 택시를 탔다. 나는 이 길을 수도 없이 다녔기 때문에, 나름대로 가장 빨리 갈 수 있는 길을 알고 있다고 생각했다. 그래서 택시 기사가 내가 다니는 코스로 접어드는 길로 꺾어져야 하는 곳을 지나치려고 할 때 급히 말했다. "아, 여기서 좌회전하셔야 빠른데요." 그러나 차는 좌회전하기에는 조금 늦었다. 그래서 차는 원래 택시 기사가 의도했던 길로 접어들었다. 그때 그 기사분이 말했다. "그 아파트는 이 길로 가는 것이 더 빠른데요. 이 길로 가면 신호등 하나가 적거든요." 정말 그랬다. 그는 나보다 여의도 지리를 더 잘 알고 있었다.

주민보다 길을 더 잘 알고 있는 기사, 시간대에 따라 막히는 곳과 막히지 않는 길을 선택할 수 있는 기사, 요일에 따라 교통의 흐름을 알고 적절한 길을 골라갈 수 있는 기사, 소리만 듣고도 차의 상태를 가늠할 수 있는 기사, 비효율적인 신호 체계를 충고할 수 있는 기사, 위험한 도로 사정을 알고 사전에 조심할 수 있는 기사. 이들은 다른 것은 잘 몰라도 자동차와 도로와 신호 체계에 대해서는 잘 알고 있는 특화된 전문가이다.

내가 알고 있는 농부가 한 분 있다. 이분은 지금 나이가 쉰 다섯이고, 초등학교를 겨우 마쳤다. 어려서 노동판에서 잡역부 생활도 했고, 돈을 벌기 위해 배를 탄 적도 있지만, 긴 세월을 주로 벼농사를 짓고 살았다. 그래서 벼에 대해서 잘 안다. 그가 인식하는 벼와 우리가 인식하는 벼는 다르다. 그에게 있어 벼는 살아 숨 쉬고 말하고 의사를 표현할 수 있는 살아 있는 인간과 다를 바 없다. 수분이 이루어지는 때 비가 오면, 그는 마음을 졸인다. 벼들은 날씨가 나쁘면 일주일 정도는 수분의 시기를 스스로 조절할 수 있다 한다. 그사이에 한나절이라도 해가 반짝하면 그때를 틈타 수분이 이루어진다.

그때 그의 눈에는 논이 온통 환하게 비쳐든다. 오랜 기다림 후에 수분이 이루어지는 참았던 즐거움이 논에 가득해진다는 것이다. 그는 그것을 감지한다. 그는 벼처럼 생각하고 벼처럼 느낀다. 그는 벼에 관해서는 모든 것을 알고 있다. 막히는 것이 없다. 벼에 대해 이야기할 때 그의 눈은 빛나고 그의 말은 생기로 가득 찬다. 그는 벼에 관한 한, 신뢰할 수 있는 탁월한 전문가이다.

전문가가 되기 위한 업종이 따로 있지 않다. 그 일이 무엇이든 그 일을 아주 잘하면 전문가라 불릴 수 있다. 단순히 어떤 일을 오랫동안 했다고 해서 전문가가 되는 것이 아니다. 현업에서 주어진 일을 그저 지루한 일과로 여기며 관성적으로 처리해서는 수십 년이 지나도 전문가가 될 수 없다. 전문가는 늘 표면 뒤에 숨어 있는 것을 파악하고 해석할 수 있어야 한다. 애정과 관심을 쏟지 않고는 이면에 숨은 암호와 신호를 파악하고 해석할 수 없다. 전문가는 별도로 궁리하고 공부하지 않으면 안 된다. 당신의 전문성을 찾아 특화하라. 아무리 좁은 영역에 국한

된 것이라도 자신의 세계를 개척하라. 일견 별 가치가 없어 보여도 전문화된 지식의 힘은 강력하다. 그 일에 관한 한, 당신을 찾아오게 만들어라.

전문성을 증명할 수 있는 것은 커뮤니케이션이다

한 사회가 안고 있는 문제를 풀기 위하여 전문가를 찾게 될 때, 어떤 사람들이 전문가로 인정받게 될까? 누가 정말 전문가이며, 누구에게 일을 맡기고 자문을 구해야 할까? 전문가를 판단하는 건강하고 효과적인 기준은 무엇일까?

지금까지 이 질문에 대한 선정 기준으로 폭넓게 인정된 것은, '학벌과 자격증 혹은 이에 준하는 증거물'들일 것이다.

예를 들어 훌륭한 대학의 박사 학위, 그동안의 경력, 전문 출판물의 출간 등이 기준이 되어왔다.

정말 그럴까? 앞에서 예를 든 택시 기사와 농부는 전문가로 인정받을 수 없는 것일까? 그 방면에 뛰어난데도 그를 뒷받침할 학벌도 저서도 없기 때문에?

미국의 배심원 컨설팅을 전문으로 하는 디시전 퀘스트

Decision Quest의 책임자로 있는 한 학자의 연구 결과에 따르면, 수천 명의 배심원들이 가장 믿을 수 있는 전문가로 생각하고 있는 전문가의 선정 기준은 학벌과 간판이 아니었다. 오히려 그들의 일부는 번지르르한 간판에 부정적 반응을 보이고 있었다.

그들이 선정한 가장 전문가다운 전문가는, 자신의 전문성을 명쾌하게 表現할 수 있는 사람이었다. 그들은 간판에 속는 대신 "어떤 분야의 전문가라면 왜 명확하게 설명하고 제안할 수 없는가"라고 생각했다. 나도 그들의 생각에 동의한다. 커뮤니케이션 능력은 자신의 전문성을 명료하게 입증할 수 있는 가장 적절한 방법이다.

학벌과 자격증이 증명할 수 있는 것은 대부분 과거의 지식 체계이다. 아인슈타인은 "문제를 만들어낸 사고체계로는 문제의 해답에 이를 수 없다"고 말했다.

실용적인 전문성이 필요한 이유 중에서 가장 중요한 것은, 변화가 극심한 사회 속에서 당면한 문제를 해결하고 미래의 문제를 예방하기 위해서이다.

그러므로 과거의 지식 체계에 의지하여 그 전문성의 질을 평가한다는 것은 적절한 기준이 아니다. 미국의 배심원들이 선택한 대로, "명확히 설명할 수 있다면 그 일을 잘 알고 있기 때문"이라는 단순한 원리가 훨씬 실용적일 수 있다.

나 역시 비슷한 경험이 있다. 경영대학원에 다니고 있을 때,

과목에 따라 여러 선생님들에게 강의를 들었다. 모두 미국의 유수한 대학의 박사 학위를 가지고 있는 분들이었다. 어느 학기 첫 시간이었다. 금융 경제를 가르치는 선생님은 말을 더듬었다. 나는 한 학기 내내 지루하고 졸린 강의를 감수할 수밖에 없을 것으로 체념했다. 그러나 강의가 시작된 지 10분도 되지 않아 이런 우려는 완전히 사라졌다. 탁월한 강의였다. 정확하고 흥미 있는 사례들이 약간 더듬는 말 속에서 살아 움직이기 시작했다. 더듬는 것이 오히려 말을 적절하게 조절하고 중요한 부분을 강조하는 것으로 들렸다.

진정한 전문가로 받아들여지려면 그 전문성을 적절하게 표현할 수 있는 능력을 배양하는 것이 필수적이다. 다음을 명심하라.

첫째, 비전문가인 당신의 아내라도 알아들을 수 있도록 간단명료하게 말할 수 있어야 한다. 전문가는 해당 분야의 핵심을 놓치지 않는다. 핵심은 늘 간단하고 명쾌하다.

둘째, 중학교에 다니는 당신의 아이라도 이해할 수 있는 평범한 일상의 언어를 사용하라. 나는 전문 용어를 쓰는 사람을 절대로 믿지 않는다. 전문 용어의 남용은 그들이 잘 모르고 있다는 확실한 증거이거나 내가 존중받지 못하고 있다는 뜻이다. 잘 모르는 사람들만이 전문 용어의 뒤로 숨고 싶어 한다. 전문 용어를 남발하는 사람은 절대 당신에게 도움이 될 수 없으며,

결국에는 당신 속을 뒤집어놓을 뿐이다.

셋째, 고객이 지금 안고 있는 문제를 해결할 수 있도록 구체적이고 실용적인 대안을 제시할 수 있어야 한다. 그러나 철학을 잊어서는 안 된다. 지나치게 일반론으로 흐르면 현장 실무 경험이 없음을 증명할 뿐이다. 그러나 지엽에 얽매이면 전체의 균형을 잃게 된다. 철학은 멀리 보게 하고 일관성을 유지하게 한다. 철학은 장기적인 신뢰를 구축하게 해주는 강력한 상품이라는 것을 명심하라.

평범한 방식으로
수행되기 때문에
평범해질 뿐이다

대니얼 골먼^{Daniel Golman}의 책 《EQ 감성지능》에 다음과 같은 일화가 소개되었다.

> 찜통 같은 8월의 더위가 계속되고 있었다. 뉴욕의 메디슨가를 지나는 한 버스에 사람들이 올라타자, 운전기사는 반갑게 인사를 한다. "안녕하세요. 어서 오십시오." 그러나 더위에 지친 승객들은 제대로 답례조차 할 수 없을 만큼 짜증이 나 있다. 버스가 정기 노선을 운행하는 동안, 운전기사는 여행 안내를 하기 시작했다. 저기 저 상점에서는 죽여주는 세일을 하고 있다느니, 어떤 박물관에서는 아주 흥미 있는 전시회가 열리고 있다느니 하면서 말이다. 그러자 마법의 변화가 일어났다. 승객들은 마치 여행을 떠나온 것처럼 즐거워졌고, 내릴 때 만면에 웃음을 짓고 있었다. 그들은 버스 기사의 활력과 흥겨움에 감염되었던 것이다.

버스 기사를 좋은 직업으로 생각하는 사람은 별로 없다. 고 되고 힘든 데다 박봉이다. 표면적으로야 그저 평범하기 짝이 없 는 직업이지만, 이 이야기 속의 운전기사는 자신의 직업을 결코 평범하지 않은 직업으로 바꾸어놓았다. 평범한 직업이란 없다. 그저 평범한 업무 방식이 있을 뿐이다. 무료하고 반복적이고 새 로운 도전이 결여되어 있는, 늘 그렇고 그런 업무에 우리는 무 기력해지고 이내 지치고 만다. 그러나 우리는 사소한 변화로부 터 다시 시작할 수 있다. 왜냐하면 유감스럽게도, 작고 사소한 것이 우리의 일상을 지배하고 있기 때문이다.

시인 김수영은 〈어느 날 고궁을 나오면서〉라는 시에서 다음 과 같이 한탄한다.

> 왜 나는 조그만 일에만 분개하는가
>
> 저 왕궁 대신에 왕궁의 음탕 대신에
>
> 50원짜리 갈비가 기름덩어리만 나왔다고 분개하고
>
> 옹졸하게 분개하고 설렁탕집 돼지 같은 주인년한테 욕을 하고
>
> 개의 울음소리를 듣고 그 비명에 지고
>
> 머리에 피도 안 마른 애놈의 투정에 진다
>
> 모래야 나는 얼마큼 적으냐
>
> 바람아 먼지야 풀아 나는 얼마큼 적으냐
>
> 정말 얼마큼 적으냐

시인은 한탄하지만, 인간은 늘 조그만 일에 매여 산다. 작은 일이 우리를 화나게도 하고 즐겁게도 한다. 직업이라는 것은 물리적인 일을 하는 것이 아니다. "어른들이 일을 만들어낸 것은, 하루 종일 함께 놀기 위해서"라는 말은 농담 이상의 진단이다. 모든 비즈니스는 기본적으로 인간적이다. 일이나 사업을 하면서 겪는 심각한 결함은, 바로 그것이 인간적이라는 사실을 너무 자주 잊는다는 데에 있다. 특히 서비스는 인문학적인 영역이다. 인문학적인 통찰 없이 성공할 수 없다. 당신이 받았던 몇 안되는 잊지 못할 서비스는, 바로 작고 특별한 인간적인 어떤 것이었음을 기억하라.

시인 김수영은 다시 말한다.

"나도 여러분도 시작하는 것이다. 자유의 과잉을, 혼돈을 시작하는 것이다. 모기 소리보다도 더 작은 목소리로 시작하는 것이다. 모기 소리보다도 더 작은 목소리로 아무도 하지 못한 말을 시작하는 것이다."

그는 내적인 혁명을 어떻게 시작하는지 알고 있었다. 혁명은, 혼란을 야기시킬 그 작은 목소리가 속삭이는 대로 실천하는 것이다.

메디슨가를 지나는 버스 운전사도 한때는 평범한 운전기사에 불과했을 것이다. 그러다가 어느 날 자신의 내면에서 흘러나오는 작은 목소리에 귀를 기울였을 것이다. 그리고 그 말에 따라, 떨리는 마음으로 인사를 하기 시작했을 것이고 용기를 내어 안내 방송을 했을 것이다. 그래서 그는 지금 훨씬 더 기분 좋은 유쾌한 사람이 되었다.

이 단계에서 해야 할 일 ⑥

첫째, '자기 혁명의 지도'를 따라가고 있는 나를 특히 매혹시키는 분야는 어디인가? 1단계에서 우리는 현재 하고 있는 직무를 몇 가지 활동 과제tasks로 나눈 다음, 자신이 좋아하는 활동 과제를 찾아내어 기록했던 것을 기억할 것이다. 마찬가지로 자신이 좋아하여 선택한 분야가 요구하는 기본 활동들을 몇 개의 활동 과제로 나누어보라.

둘째, 자신의 재능과 기본적 활동 분야들을 서로 연결해보라. 만일 자신이 내향적인 사람이며 혼자 여러 가지를 논리적으로 생각하고 분석하는 재능이 있는 사람이라면, 세분된 활동 과제 중 몇 가지에 더욱 애착이 갈 수 있다.

예를 들어, '복리 후생 프로그램 개발' 활동 중에서 사람을 모아놓고 그들의 말을 듣고 요구 사항을 정리하는 피드백 분야나 만들어진 프로그램을 소개하고 홍보하는 작업은 부담스러운 일이 될지도 모른다. 그 대신 프로그램을 디자인한다거나 다른 복리 후생 프로그램을 벤치마킹하여 적용 가능한 대목을 발견하거나, 복리 후생 요소들 상호 간의 비용을 비교하고 분석하는 작업에는 많은 흥미를 가질 것이다. 노트를 꺼내서 써라. 기록은 놀라운 해결사이다.

셋째, 좋아하는 분야이면서 타고난 기질, 역량, 재능과 결합이 가능한 활동이 만들어낼 수 있는 틈새가 어디인지 계속 찾아가라. 프로젝트가 진행되는 동안 그리고 그 이후에도 스스로를 구현할 수 있는 세상 속의 자기 자리를 쉬지 말고 찾아가라. 제2단계에서 만들어놓은 명함 속의 자신을 특화시킬 '깊은 곳'에 주목하라. 노트를 꺼내서 써라. 쓰다 보면 명료해지고 정리가 될 것이다.

예를 들어 나는 스스로를 '변화경영 전문가'라고 규정해놓았다. 그래서 명함에 그렇게 새겨 넣었다. 그동안 아무도 자신을 정의하기 위해 의도적으로 사용하지 않던 말이다. 그러나 나는 우선적으로 아주 넓은 변화경영의 범위 중에서 ① 볼드리지 모델에 의거한 경영 진단, ② 조직 내에서 변화를 가속시키는 법, ③ 개인의 동기 유발과 자기 혁명에 특화하기로 결정하였다. 이것이 바로 '구본형 변화경영연구소'가 제공할 수 있는 특화된 전문 영역이다.

7장

그대 고유의 브랜드로 서라

철학은 말로써 잘 표현되지 않는다.
어떤 사람이 선택한 것으로 그의 철학을 알 수 있다.
무엇을 택하건, 결국 스스로 책임지지 않을 수 없다.

엘리너 루스벨트 Eleanor Roosevelt

일에는 반드시 수혜자가 있다

일에는 반드시 수혜자가 있다. 첫 번째 수혜자는 일을 하는 바로 그 사람이다. 일을 하여 돈을 벌고, 명예를 얻고, 자기를 표현할 수 있기 때문이다. 반드시 기억해야 할 가장 중요한 대목은, 일의 최초의 수혜자는 바로 자기 자신이라는 사실이다. 첫 번째 수혜자인 자신이 열정을 바칠 수 없는 일은 질곡이며 억압이며 비참의 근원이다. 그러므로 '자신이 좋아하고 잘하는 일을 선택한다'는 것이 가장 중요하다.

"일은 어른들이 날마다 모여서 놀기 위해 창안한 것"이라는 농담은 진담이다. 나는 이 말을 좋아한다. 벌이를 위한 노동이 문화와 만나는 접점이다. 모든 문화의 기본 특성은 바로 놀이에 있다. 일을 놀이로 즐길 수 있으면, 당신은 그 일을 위한 길로 들어선 것이다. 열광할 준비가 되어 있는 것이다. 일에는 두 번째 수혜자가 있는데, 그것이 바로 상업적 용어로 고객이다.

변호사는 그의 고객인 의뢰인을 위해 변론한다. 의사는 환자가 그의 고객이다. 건축가는 집을 설계하여 짓고, 건축주는 그 집에서 산다. 건축주는 건축가의 고객이다. 화가는 그림을 그리고, 그림을 산 사람은 벽에 걸어두고 즐긴다. 그림을 산 사람은 화가의 고객이다. 작가는 글을 쓰고, 고객인 독자는 책을 사서 읽는다.

나는 상업주의를 싫어한다. 모든 것이 돈과 얽혀 있고, 모든 행위의 동기에 이익이 전제된다. 돈이 목적이고 원인이다. 그런 세상은 우리가 바라는 바가 아니다. 사랑과 헌신과 우정 그리고 존경은 돈으로 살 수 없다. 이보다 더 위대한 인류의 유산은 없다.

그러나 돈은 아주 좋은 것이다. 따뜻하고 아름다운 집에 살수 있다. 맛있는 것을 먹을 수 있고 멋진 옷을 입을 수 있다. 돈 때문에 자존심을 잃어야 하지도 않고, 돈이 있으므로 비교적 자유로울 수 있다. 돈은 아주 매력적인 세속이다.

상업주의와 순수한 문화 사이에도 균형이라는 문제가 존재한다. 균형은 늘 움직이는 물체의 화두임을 잊어서는 안 된다. 다시 강조하지만, 변화는 움직임이고 움직임에는 균형이라는 문제가 따른다.

돈은 일의 첫 번째 수혜자인 자기 자신과 두 번째 수혜자인 고객 사이에 존재한다. 그러나 이 둘의 관계는 돈이 목적인 경우에는 오래 지속될 수 없다. 두 번째 수혜자인 고객의 안목이 높아지고 힘이 커지는 경우에는 더욱 그렇다.

내용과 관계가 좋으면 돈은 따라온다. 일의 내용과 고객 관계의 1차적 책임은 일의 첫 번째 수혜자인 '나'에게 있다. 내가 바로 일의 내용을 만들어내는 사람이며, 2차 수혜자에게 그 내용을 사도록 도와주는 '고객 관계'를 주도하고 있다.

비즈니스의 핵심은 인간이다. 비즈니스는 인간적인 것이다. 우리는 결국 감정의 세계로 뛰어들지 않으면 안 된다. 그러므로 비즈니스는 인문과학에 속해 있고 인문학적인 감수성을 절대적으로 필요로 한다. 이 간단한 메커니즘을 진심으로 믿을 수 있을 때, 자기 혁명은 실행된다. 그리고 가장 자기다운 소리를 만들어냄으로써 세상과 훌륭한 조화를 이루어낼 수 있다.

열정은 고객을
감염시킨다

고객은 무엇을 바라는가? 이것은 마케팅을 전공하는 사람들의 오래된 숙제였다. 그들은 고객의 생각을 알아내기 위해 여러 가지 여론 조사를 실시한다. 그 결과는 믿을 만할까? 우선 우리가 이해할 수 있는 곳에서부터 시작해보자.

인간은 자신에 대해 잘 모른다. 자기가 진정 좋아하는 것이 무엇인지, 어떤 재능을 타고났는지 잘 모르는 것에서 알 수 있듯이, 우리는 자신에 대하여 잘 모르고 있다. 우리는 그렇게 할 것이라고 생각하는 대로 행동하지 않을 때도 많다. 우리는 때때로 우리가 되고 싶은 바로 그 사람이 아닐 때도 있다. 우리는 조사원들에게 말한 그대로 행동하지 않는다. 우리는 우리의 진짜 생각을 말하지 않을 때가 많다. 그저 가장 그럴듯한 답변을 하는 경향이 있다. 그리고 실제로는 다르게 행동한다. 따라서 여론 조사 내용을 가지고 고객의 생각을 읽는다면, 매우 제한 적인 해석이 이루어질 수 있다.

《보이지 않는 것을 팔아라》의 저자 해리 벡위드^{Harry Beckwith} 는 여론 조사의 조사원들이 흔히 봉착하는 한계에 대하여 다음과 같이 설명한다.

첫째, 여론 조사의 질문은 가설이지만 인생과 구매는 현실 이라는 점이다. 고객은 말한 대로 행동하지 않는다.

둘째, '그것을 좋아하는가?'라는 리서치의 가장 전형적인 질문에 대하여 '그것'을 아무리 잘 묘사해도 실제와는 다르게 인식된다는 점이다. 디즈니랜드가 아직 없었을 때, 사람들은 디즈니랜드를 묘사하는 말만 듣고 그곳이 어떤 곳인지 상상할 수 있었을까? 그리고 가족과 그곳에서 즐기기 위해 하루에 100달러씩을 쓸 용의가 있다고 말했을까? 대부분의 응답자들은 아니라고 말했다. 이 대답을 그대로 믿었다면, 디즈니랜드는 만들어지지 않았을 것이다.

셋째, 아이디어가 혁신적이면 혁신적일수록 이해하는 사람이 적다는 사실이다. 1980년대 개인용 컴퓨터에 대하여 설명하고 관심이 있는지 물어보면, 이른바 기술적인 '혁신 수용자'라고 불리는 소수를 제외하고는 모두 부정적일 수밖에 없었다. 여론 조사는 평범한 아이디어는 지지하지만 위대한 아이디어는 없애버린다.

넷째, 일반적으로 '하이젠베르크의 불확실성의 법칙'이 여기에도 적용된다는 점이다. 관찰당하고 있다고 인식하면 관찰 대상자는 평소대로 행동하지 않는다. 여론 조사는 현상을 변화시켜 결과를 왜곡하게 한다. 그래서 여론 조사는 새로운 정보를 알게 해준다기보다는 우리의 편견과 신념을 강화시켜줄 뿐이라는 것이다. 진실을 밝히는 것이 아니라, 오히려 진실에 대해 눈이 멀게 할 수 있다.

고객의 마음을 읽기 위한 더 좋은 방법은 없을까? 전문가들은 실험적 상황보다는 실제 상황에 초점을 맞추어보라고 충고한다. '부드러운 증거'라고 불리는 일화적 증거anecdotic evidence는 현실 세계에서 나온 것이기 때문에 더 믿을 수 있다는 것이다. 이때는 조사자의 체험과 관찰이 더 중요해진다. 특히 개별적인 고객 관계에 있어서는 주관성이 매우 중요해진다.

인지 심리학자들이 보통 기대 이론expectancy theory이라고 부르는 것이 있다. 마음속으로 무엇인가 일어나기를 기대하면 그 일이 생겨난다는 것이다. 보통 심리 테스트용 가짜 약placebo이 실제로 어떤 효과를 만들어 내는 것을 보면, 마음의 힘이 얼마나 큰지 알 수 있다.

제약회사인 머크에서 남성 탈모증의 가짜 약인 '프로페시아'를 대상으로 많은 실험을 하였다. 이 가짜 약을 써본 사람 중

40%는 실제로 탈모가 늦추어졌다고 말했다. 그리고 세 명 중 한 명은 머리카락의 성장을 자극했다고 답변했다. 이와는 대조적으로 진짜 약을 써본 사람들은 60% 정도가 약간 더 좋아졌다고 말했다.

우리는 자신이 체험할 것이라고 기대하는 것을 체험한다. 기대한 것보다 못하면 실망하고, 그보다 좋으면 만족해한다. 고객의 만족은 객관적 진실보다는 주관적 기대에 좌우된다. 따라서 당신이 열정을 가지고 그렇게 믿게 하면 정말 그 일이 일어나게 된다. 그리고 고객은 당신에게 반하게 된다. 이것이 고객 관계의 요체이다.

고객이 있는 곳에
반드시 경영이 있다

기업을 경영하는 사람만이 경영자가 아니다. 경영은 어디에나 필요한 것이다. 정치인에게도 의사에게도 변호사에게도 경영은 필요하다. 나는 심지어 작가와 화가에게도 경영이 필요하다고 생각한다.

작가의 예를 들어보자. 작가는 책을 낼 때 그 책이 읽히기를 바란다. 이것은 모든 작가의 희망사항이다. 읽히기를 바라지 않는다면 무엇 하러 책을 내겠는가? 작가는 세상에 대하여 할 말이 있는 사람이다. 프랑스의 작가 미셸 투르니에Michel Tournier는 《짧은 글 긴 침묵》이라는 책 속에 소개된 고려대학교 이화영 교수와의 대담에서, 독서에 대하여 다음과 같이 말한다.

작가가 출판한 한 권의 책은 가볍고 피가 없는 한 마리 새에 불과하다. 피가 없다는 것은 생명이 없다는 것이다. 생명이 없는 자는 생명의 피를 애타게 그리워하게 되어 있다. 한 권의 책이 살아서 날 수 있게 되려면, 바로 이 가벼운 새가 독자의 심장에 내려앉아 그의 피와 영혼을 빨아들여야 한다. 이 과정이 바로 독서이다.

책은 작가의 의도와 독자의 미칠 듯한 동의가 분간할 수 없이 함께 어울려 피처럼 피어나는 것이다. 의도를 가진 사람과 일반 대중과의 관계라고 할 수 있다. 개별적인 체험을 전달하고픈 욕망을 가진 작가와 거기에 동의하는 독자가 성공적으로 결합하려면, 몇 가지 기본적인 요소들이 전제되어야 한다.

첫째는, 작가에게는 그의 책을 읽어주는 독자가 있다는 것이다.

둘째는 내용이다. 독서가 즐거움이어야 하고 시간의 투자에 보답해줄 만한 '무엇'이어야 한다.

셋째는 커뮤니케이션이다. 어떻게 작가가 의도하는 메시지를 전달하느냐의 문제이다. 어떻게 하면 되도록 많은 사람들이 보게 할 수 있을까? 그리고 어떻게 하면 메시지를 쉽게 잊히지 않고 오래도록 마음속 깊은 곳에 살아 있게 할까? 이런 질문은 바로 커뮤니케이션의 영역이다.

넷째, 작가는 책이라는 정신적 산물의 사회화를 통해 자신이 살고 있는 사회에 공인으로서의 책임을 가지고 있다.

다섯째, 직업인으로서의 작가는 역시 글쓰기라는 일을 통해 경제적 생활을 영위하여야 한다. 작가 김훈은 《자전거 여행》

책 표지에 이렇게 썼다. "2000년 7월에 풍륜(자전거 이름)을 퇴역시키고 새로운 자전거를 장만하였다. 이 책을 팔아서 자전거 값 월부를 갚으려고 한다. 사람들아, 책 좀 사 가라." 작가 역시 책을 팔아 밥벌이를 해야 하는 직업인이다.

독자라는 시장, 책이라는 문화 상품, 독자와의 커뮤니케이션, 작가의 사회적 책임, 그리고 책이 시장에서 팔림으로써 이루어진 금전적 성과, 이 다섯 가지 요소는 작가에게 중요한 요소들이다. 시장, 상품, 커뮤니케이션, 사회적 책임 그리고 성과는 기업을 경영하는 경영자들이 가장 중요하게 생각하는 경영의 요체들이다. 그렇다면 작가에게도 역시 경영은 필요한 것이다.

직장인에게 경영은 필요할까? 시키는 일만 하고 주어진 일을 관성적으로 처리하는 직장인에게는 경영이 필요 없다. 그들의 삶은 다른 사람에게 달려 있다. 그들은 정리 해고되어 떠나거나 그렇게 떠난 동료들의 일까지 해야 하므로 그전보다 두 배의 일을 한다. 그러나 일을 하는 즐거움은 절반으로 줄어든다. 직무 수칙이나 상황이 요구하는 정도만 마음을 쓰고 최소한의 능력만 사용한다. 이 속에서 스스로 점점 더 무능력해지고 있다고 느낀다. 마침내 자신이 관리 대상에 지나지 않다는 것을 알게 된다.

직장인을 대신할 수 있는 새로운 개념은, 자신을 개인 사업자로 생각하는 것이다. 이런 사람은 자신을 1인 기업을 경영하는 경영자로 승화시킨다. 자신을 총무부에 고용된 직원이라고 생각하지 않는다. 1년간 회사와 계약을 맺고 총무 서비스를 담당하게 된 1인 기업의 사장이라고 생각한다. 더 이상 영업 사원은 없다. 한 회사와 판매 대행 서비스를 계약한 1인 기업의 경영자가 있을 뿐이다.

이들은 자신이 특화할 수 있는 일을 찾아 재능에 맞게 다양한 일자리에 능동적으로 지원한다. 기존의 방법 대신 더 나은 방법을 찾아냄으로써 과거로부터 답습된 과정을 혁신한다. 자신의 동료를 내부 고객으로 인식하여 최고의 서비스를 제공함으로써 고객 관계를 감동으로 이끈다. 이들은 자신을 적극적으로 세일즈한다. 이들은 책임감에 어쩔 수 없이 일하지 않는다. 자신의 일을 취미처럼 즐기며, 언젠가 이 일을 가장 잘하는 사람이 되어 충분한 부를 이룰 수 있다고 믿는다. 새로운 업적을 이룰 때마다 그것을 새로운 무형적 비방으로 등록한다. 또한 이런 사람들은 다른 사람들이 자신의 가장 중요한 자산이라는 점을 인정한다. 그리하여 이들과 네트워크를 구축하는 데 소홀함이 없다.

이런 직장인들은 피고용자가 아니다. 이들은 관리의 대상이 아니다. 이들은 자신의 서비스에 책임을 지는 개인 기업을 경영하는 사업자들이며 기업의 파트너들이다. 이들은 더 이상 조직에 의존하는 힘없는 직장인이 아니다. 이들은 자신의 사업을 경영하고 있는 것이다. 다른 사람에게 고용된 것이 아니라 스스로를 고용하였다. 다른 사람을 믿는 대신 자신을 믿게 된 것이다.

자신이 경영하는
1인 기업의 브랜드를
만드는 법

　　1인 기업의 경영자들은 자신의 재능과 기량이라는 경제적 가치가 고용주에게서 나오는 것이 아니라 자신에게서 나온다는 것을 잘 알고 있다. 따라서 기업이 자신의 브랜드를 만들어내듯이 나름대로 자신의 개인적 브랜드를 만들어낸다. 브랜드가 없는 1인 기업의 경영자는 다른 사람과 자신을 차별화하기 어렵다. 수없이 많은 사람들 중의 하나에 불과하다. 그러나 브랜드를 만들어내면 군계일학이 될 수 있다. 그는 날개를 달고 날게 된다. 쾌청한 고공에 떠서 유연하게 움직이는 한 마리 붕새가 될 수 있다.

　　브랜드라는 것은 시장에서 불리는 당신의 이름이다. 당신의 이름이 불러일으킬 수 있는 시장 가치를 모두 망라한 것이다. 브랜드는 사람을 끌어들이고 편견을 가지게 하고 믿게 만든다.

일관성을 유지시켜줌으로써 신뢰하고 편안함을 느끼게 해준다. 당신과 세상 사이의 유대감을 강화시켜준다. 그러므로 시장에서 성공하려면 자신의 브랜드를 만들어내지 않으면 안 된다. 혼자 할 수 없다면 다른 사람들과 함께 제휴해서라도 만들어내야 한다. 예를 들어, 한국에서 가장 훌륭한 '노사관계 전문가'라는 브랜드를 만들어내든가, 아니면 다른 사람들과 함께 '한국에서 가장 뛰어난 인사팀'이라는 브랜드를 만들어내는 것이 중요하다.

일단 시장에서 브랜드 인지도가 높아지면 거대한 힘을 발휘할 수 있다. 예를 들어 인터넷 검색 엔진에는 속도, 범위, 정확성 등의 기능 면에서 야후Yahoo!보다 뛰어난 것들이 많다. 엠파스Empas, 라이코스Lycos, 알타비스타AltaVista 등은 강력하고 쓰기 쉽다. 그러나 야후를 1차 검색 엔진으로 사용하는 사람들이 더 많다. 야후가 가지고 있는 브랜드의 힘 때문이다. 야후는 브랜드의 힘을 알고 있었고, 그래서 최근 수년 동안 회사 이름을 내걸기 위해 수백만 달러를 썼다. 그리고 비논리적이면서도 압도적인 브랜드 파워를 생성해내었다. 실제적인 품질의 힘보다 브랜드에 싸인 기대 품질을 창출해내는 데 성공한 것이다. 성공한 브랜드를 만들어내려면 세 가지 요소를 갖추어야 한다.

첫째는 브랜드의 방향성이다. 어떤 브랜드는 상승 기류를 타고 있지만, 어떤 브랜드는 사라져가고 있다. 고객은 기세 좋

3부. 귀환: 다시 세상 속으로 뜨겁게

게 상승하는 기류에 편승하기를 좋아한다. 하강하는 기류에서는 얼른 뛰어내린다. 고객은 대세 속에 군중으로 대열을 지어가면서 안심한다.

둘째는 브랜드의 넓이다. 코카콜라는 세계에서 가장 널리 알려져 있어서 누구나 친근하게 느끼는 브랜드이다. 구매하는 제품이 눈에 보이지 않는 서비스일 경우에는 특히 브랜드의 넓이가 중요하다. 사람들은 브랜드를 믿고 그 속에 포장된 서비스를 사는 것이다.

셋째는 브랜드의 깊이를 들 수 있다. 이것은 사람들이 갈망하고 닮고 싶어 하는 정도를 나타낸다. 나이키 신발은 '일단 한 번 해봐Just Do It'라는 '도전 의식'을 심어준다. 할리 데이비슨은 '남성'과 '반항아'라는 생생한 상징성을 띠고 있다.

1인 기업을 운영하고 있는 모든 직장인도 개인의 브랜드를 정립할 때 이 세 가지 요소를 잘 살려야 한다. 직장이라는 시장 속의 고객, 즉 업무 관계로 당신의 서비스를 받고 있는 동료, 상사, 부하 직원, 관련 부서의 직원, 협력업체의 직원, 회사의 바깥에 존재하는 진짜 고객들에게 잊을 수 없는 당신의 브랜드를 심어주어야 한다.

첫 번째 요소:
상승하는 기류

21세기의 상승 기류란 무엇일까? 이 질문은 적어도 21세기의 첫 번째 10년 정도의 트렌드를 이해하라는 요구이다. 마케팅의 노스트라다무스라고 알려진 페이스 팝콘은 《클릭, 미래 속으로》라는 책에서, 21세기의 트렌드를 17개로 구별해 제시하고 있다. 그중에서 가장 그럴듯한 것 몇 개를 간단히 살펴보자.

코쿠닝 트렌드: 나의 안식처를 벗어나기 싫다

외부를 위험한 세계로 보고, 자신을 안전한 가정 같은 환경 속에 칩거시키려는 경향을 말한다. 가정과 사무실이 그들의 세계이다. 그들은 컴퓨터나 텔레비전을 통해 손가락으로 쇼핑을 한다. 가정과 사무실은 최신의 안전 장치로 보호되어 있다. 최신의 경보 시스템이 설치되어 있고, 침입자를 격퇴하기 위한 테이저 공기총Air Taser(가시 달린 탐침을 쏘아 근육 마비를 일으키는 총이다.

침입자가 도망가면 추적 장치가 달려 있어 즉각 검거할 수 있다)을 사고 싶어 하고, 보모를 감시하기 위한 비디오 녹화 장치인 내니캠 nanny cam을 아기곰 인형 속에 넣고 싶어 하는 신경이 예민한 부모들이다. 달리는 자동차 속에 디스크 플레이어, 팩스, 전화, 지압 쿠션, 간단한 취사도구 등을 장착시킨다. 가정에는 좋은 정원이 있어 휴식을 취할 수 있게 하고, 욕실에는 작은 온천인 미니 스파를 설치하고 싶어 한다. 이들은 사소한 언쟁도 순식간에 물리적인 위협으로 변할 수 있다는 것을 늘 염두에 두고 있다. 그래서 고속도로에서 누가 추월을 해도 경적을 울리지 않고 참는다. 짜증스럽고 지친 판매원들에게조차 미소로 답하는 사람들은 대체로 코쿤족에 속한다. 그들은 미쳐버린 세상에 대하여 자신만의 방어법을 강구하는 사람들이다.

작은 사치 트렌드: 때로는 부자처럼 산다

아무도 날 잘 대접해주지 않는다. 세대가 지나갈수록 삶의 질도 높아져야 한다고 믿고 있지만, 결코 물질적 만족과 사치스러움을 즐기며 살 수 있을 것 같지는 않다. 열심히 일했지만 예고 없이 규칙은 변하고 약속은 짓밟혔다. 부모들이 누렸던 직업의 안전성은 줄어들고, 지금 갖고 있는 기술력이 계속 시장성이 있을지도 의심스럽다. 돈을 모아 집을 장만할 수 있을까? 일은 더 많이 하면서 누리는 것은 더 적어지고 있다. 나에게는 적어도 작은 사치를 즐길 자격이 있다. 부드럽고 달콤하게 자신을 즐겨보려는 사치를 누가 탓할 것인가? 지겨운 인스턴트 음식 대신 우아한 한 끼를 먹기 위해 즐겁게 과용을 한다. 10만 원 이상 되는 몽블랑이나 던힐 만년필을 하나 산다. 필기구를 하나 샀다기보다는 마음속의 시인을 불러내기 위해서, 그리고 평생 지니고 있기 위해 눈을 질끈 감고 작은 사치를 즐긴다. 아니타 로딕의 바디샵에서 2만 원쯤 하는 목욕용 젤이나 방향제를 사서 자연의 향기를 즐기려고 한다. 따뜻한 물이 가득한 욕조에 몸을 푹 담그고 향기에 싸여 있으면 얼마나 기분이 좋을까? 친구의 결혼기념일에 전화 주문을 하여 작은 장미를 100송이쯤 보내주자. 작은 개를 한 마리 키우고 내가 하지 못하는 작은 사치를 실컷 즐기게 해주자. 파마를 해주고 발톱도 깎아주자. 작은 개 바구니를 사고 강아지 침대도 하나 사주자. 때로는 나도 부자처럼 살고 싶다.

여성적 사고 트렌드: 여성적 감수성이 세상을 바꾼다

미국의 〈포천〉 선정 500대 기업 중에서 연봉 순위 5위 안에 여성이 들어 있는 회사는 13개밖에 되지 않는다. 이들 기업의 이사회 멤버의 94%는 남성이다. 그리고 미국 회사의 고위직 97% 이상이 남성들이다. 가장 선진화된 나라의 기업에서도 여성의 성적표는 아직 만족스럽지 않다.

그러나 21세기는 여성적 사고가 진가를 발하는 시대이다. 남성과 여성은 다르다. 말하자면 뇌의 회로판 자체가 다르다. 그래서 정보를 처리하는 방식이 다르다. 여성들은 남성보다 자신의 감정에 더 충실하고, 관찰력이 더 예민하고, 동정심이 더 많다. 여성들은 사물을 있는 그대로 보지 않는다. 여성적 필터를 통해 본다. 남성은 자신의 지위와 독자성을 지키기 위해 언어를 사용한다. 그러나 여성은 연계성과 친밀감을 만들어 내기 위해 언어를 사용한다. 남성에게 비즈니스는 경쟁자를 물리치고 이겨야 하는 싸움이지만, 여성에게는 한 번에 한 조각씩 맞추어가야 하는 퍼즐과 같다. 남성은 목표 지향적이고 수직적 서열을 중시하고 경직된 역할을 강조한다. 그러나 여성은 과정 지향적이고 팀을 구축하고 융통성 있는 역할을 중시한다. 남성이 답을 얻으려 하고 인생은 목적지들의 연속이라고 여기고 있는 반면, 여성은 답보다는 올바른 질문을 추구하고 인생을 하나의 여정이라고 생각한다. 남성은 비즈니스가 감정을 배제한 이익을 추구한다고 믿지만, 여성은 기업은 인간이며 감정의 세계를 다룬다고 생각한다. 그리고 기업이 성공하려면 사회 기관으로 운영되어야 할 필요가 있음을 강조한다.

21세기는 이런 여성적 사고의 풍요로움을 즐기게 될 것이다.

소비자 감시 트렌드: 기업은 오직 소비자를 위해 존재한다

좋은 서비스를 자랑하고 비싼 가격을 받지만, 막상 책임져야 할 곳에서 회피하는 기업들은 설 자리가 없다. 소비자들은 이제 속고 농락당하고 눈 가리고 아웅 하는 식에 지쳤다. 스스로의 이익을 보호하고 소비자를 우습게 보는 기업이나 집단을 감시하기 위해 나섰다. 이 트렌드의 저변에 흐르는 것은 신뢰의 결여이다. 포장 속의 내용물 양이 점점 줄어든다거나, '새로운'과 '개선'이라는 광고 문구가 가격 인상 수단이라는 것을 알고 있다.

소비자들은 1초도 참지 않는다. 불량 제품을 리콜하지 않는 기업, 응급실에 24시간 대기하지 않는 의사, 아무 곳에나 몰래 쓰레기나 폐수를 버리는 기업이나 집단, 사회적 도덕을 문란하게 하는 음반, 잦은 고장을 책임지지 않는 기업들은 분노의 대상이다. 소비자의 분노는 기업 생존에 치명적이라는 것을 명심하라. 용감한 소비자는 즉시 영웅이 되고, 시민들의 지지와 참여를 유발한다.

이 밖에도 관심사가 같은 사람들끼리 어울려 즐기는 유유상종 트렌드, 소박한 생활 속에서 행복을 찾는 작은 행복 찾기 트렌드, 건강과 삶의 질을 추구하는 건강 장수 트렌드, 윤리적이고 교육적이며 환경 친화적인 기업가에게 호응하는 SOS^{Save Our Society} 트렌드 등을 들 수 있다.

자신의 브랜드가 상승하는 기류를 타려면, 비교적 오랜 기간 사회를 이끌어가게 될 원동력인 주요 트렌드들과 복합적으로 맥을 함께할 수 있어야 한다.

만일 당신이 나무를 키우는 일을 좋아한다고 하자. 나무를 아끼고 나무처럼 생각할 수 있게 되어 그들이 무엇을 원하는지 알고 있다고 하자. 그래서 나무를 돌보고 함께 시간을 보내는 것을 아주 좋아하며, 특히 작고 귀엽고 향기로운 허브를 좋아한 다고 하자. 허브를 키워서 다른 사람에게도 나누어주는 것을 사업화할 수 있을까? 만일 그렇게 된다면, 좋아하는 일을 하면서 경제적 의미의 보상이 따르는 좋은 직업이 될 수 있을 것이다.

허브를 재배하고 상품화하는 것은 트렌드에 부합할까? 허브의 재배는 자연 친화적이다(SOS 트렌드). 허브는 요리에 향을 더해준다. 주말 요리사가 되어 집에서 허브를 이용한 요리를 즐기는 사람들이 늘고 있다(코쿠닝 트렌드). 허브는 건강에 좋다(건강 장수 트렌드). 여성들은 조리용, 방향제, 치료용으로 허브를 즐겨 사용해왔다(여성적 사고 트렌드). 허브는 전원의 소박한 생활의 즐거움을 선사한다(작은 행복 찾기 트렌드).

예를 든 것처럼, 허브 벤처 사업은 여러 가지 미래의 트렌드들을 충족시킨다. 따라서 허브 사업은 올바른 상승 기류를 타고 있다고 볼 수 있다.

두 번째 요소:
브랜드의 넓이

아주 많은 사람들이 당신을 알고 있다면, 이미 당신은 세속적으로 성공한 것이다. 마찬가지로 1인 기업에서 성공하려면 되도록 많은 사람들이 당신에 대해 알고 있어야 한다. 어떻게 하면 당신이 하는 일이 무엇이며, 그 일을 얼마나 잘하고 있는지 알릴 수 있을까? 어떻게 하면 당신을 친근한 사람으로 인식하도록 만들 수 있을까?

기업은 많은 돈을 뿌려 선전하고 광고한다. 그러나 1인 기업은 그렇게 하기 어렵다. 많은 사람에게 돈을 들이지 않고 자신을 알리는 방법은 수도 없이 많겠지만, 다음 몇 가지의 원칙을 마음에 담아두는 것이 중요하다.

첫째, 당신을 선전할 수 있는 사람에게 반드시 알려라. 그러나 모든 사람에게 알리려고 하지 마라. 왜냐하면 이것은 기술적으로 불가능할 뿐 아니라 도움이 되지 않는다. 브랜드는 시장에서 불리는 당신의 가치를 의미한다는 것을 잊지 마라. 모든 사람이 고객일 수 없다. 많은 사람이 그저 지나가는 사람들이다. 좋은 고객에게 쏟을 수 있는 정력을 호객을 하는데 낭비해서는 안 된다. '블라인드 데이트blind date'는 늘 '혹시나' 하는 마음으로 시작했다가 '역시나'로 끝난다는 것을 명심하라. 소설 속의 우연을 기대하지 마라. 우연을 필연적으로 낚으려고 하지 마라. 우연은 우연일 뿐이다.

그러면 당신을 선전해줄 수 있는 사람은 누구일까? 친한 사람? 그럴 수도 있다. 그들은 분명히 도와줄 것이다. 그러나 그들에게 기대서는 안 된다. 그들은 당신의 정신적 친구로 사귀는 것이 좋다. 사회 생활에서는 '오히려 약한 유대관계'가 장점을 가지고 있다. 이것은 '친하지만 무심한 관계'라고 말할 수 있다.

사회학자인 마크 그라노베터Mark Granovetter의 고전적 논문인 《일자리 구하기》에는 보스턴 근교 출신 중 수백 명의 전문가와 기술직 종사자들이 어떻게 직장을 구하게 되었는지를 조사한 결과가 보고되어 있다. 그가 인터뷰한 사람 중 56%는 개인적 연고를 통해 직장을 가지게 되었고, 18.8%가 광고나 스카우트 등의 수단을 통하여, 그리고 20% 정도가 취직 시험을 통해 입사한 것으로 나타났다. 이 중 다수를 차지하는 연고에 의한 취업자 중에서 친한 친구를 통해 취직한 사람은 17%를 채 넘지 못한다. 오히려 '간혹' 만나는 정도의 친분을 통해 취업한 경우가 55.6%에 달했고, 28%는 '어쩌다 가끔' 만난 사람을 통해 취업이 되었다는 것이다. 사람들은 친한 친구를 통해서가 아니라 안면이 있는 사람들을 통해 직장을 구하고 있는 것이다. 어째서 이런 현상이 생길까? 가까운 친구가 만들어지는 과정을 보면 이해가 된다. 그들은 주로 같은 직장 동료이거나, 같은 학교 출신 혹은 같은 동우회나 서클에서 만난 사람들일 가능성이 많다. 말하자면 그들은 당신이 속한 세계를 공유하는 사람들이다.

그러나 새로운 정보, 새로운 아이디어, 새로운 직장을 구할 때 당신에게 더 필요한 것은 새로운 세계에 대한 정보이다. 다른 세계와 당신을 연결해줄 수 있는 사람은 바로 다른 세계에 속해 있으면서 당신과 끈이 닿는 사람, 즉 안면이 있는 사람이다. 그라노베터는 이것을 "약한 고리의 강한 점"이라고 부르고 있다. 그러므로 안면이 있는 사람이 많다는 것은 사회적 힘이다.

둘째, 모든 약한 고리가 다 효과적인 커뮤니케이션의 핵심은 아니다. 커넥터connector의 역할을 즐기는 사람을 반드시 찾아내라. 커넥터란 모든 사건에서 중심적인 역할을 수행하는 데 탁월한 재능을 가지고 있는 사람들을 말한다.

〈워싱턴 포스트〉의 리포터였고, 지금은 〈뉴요커〉의 기고 작가인 말콤 글래드웰Malcolm Gladwell은 《티핑 포인트》라는 책에서 로저 호초라는 이상한 이름의 사람을 등장시킨다. 호초는 어느 날 자기 딸 샐리의 친구가 주방장으로 있는 식당에 초대받아 가게 되었다. 그 식당 음식이 맛이 있어서 호초는 그곳을 좋아하게 되었다. 그날 밤 집으로 돌아와서 그는 컴퓨터를 켰다. 그리고 안면이 있는 모든 사람에게 그 식당의 음식이 훌륭하다고 선전하고 꼭 가보라고 권유했다.

호초는 입소문을 잘 내는 사람이다. 이때 입소문이라는 것은, 가까운 사람에게 기회가 되면 우연히 소문을 전한다는 의미가 아니다. 호초처럼 자진해서 아무런 직접적 이익을 바라는 것 없이 적극적으로 자신을 다른 사람에게 연결하고 싶어 하는 사람들을 일컫는 말이다. 이런 사람을 찾아내어 당신의 브랜드를 인식시키면, 그는 당신을 세상에 알리는 선봉장 역할을 기꺼이 해줄 것이다.

셋째, 커넥터만이 사회 속에 당신의 브랜드를 전파하는 유일한 사람은 아니다. 바로 정보를 많이 알고 있는 사람, 즉 지식을 축적한 사람 역시 당신을 도와준다. 경제학자들은 이들을 메이븐Maven이라고 부른다.

이들은 소비자 보고서 같은 시장 정보를 탐독한다. 그리고 그곳의 정보에 훤하다. 말하자면 시장 내부의 정보 전문가라고 불릴 수 있다. 이들은 다른 사람을 시장과 연결시켜준다. 메이븐들은 자기 문제를 해결한 그 노하우를 다른 사람에게 전해 그를 도와주고 싶어 안달을 하는 사람들이다. 정보 자체보다는 정보를 전달함으로써 다른 사람을 돕는 것이 목적인 그런 사람들이다. 말콤 글래드웰은, 이런 사람들은 다른 사람의 문제를 해결해주는 데서 자신의 정서적 즐거움을 느끼는 사람들이라고 하였다.

세 번째 요소:
브랜드의 깊이

커뮤니케이션에서 얼마나 많은 사람에게 자신을 알리느냐의 문제만 중요한 것은 아니다. 광범위하게 정보가 퍼졌지만 금방 잊혀진다면 무슨 소용이 있겠는가? 어떤 메시지가 한쪽 귀로 들어갔다가 다른 쪽 귀로 흘러나와 버리는 커뮤니케이션은 효과가 없다. 어떻게 하면 한 번 듣고 본 것을 강력한 이미지의 형태로 뇌 속에, 마음속에 각인시킬 수 있을까? 바로 이 고착성이 브랜드의 깊이와 연관된다. 두 가지 원칙을 잊어서는 안 된다.

첫째는 메시지가 명확해야 한다. 복잡해서는 안 된다. 누구나 듣고 외울 수 있을 만큼 단순하고 명료해야 한다. 심장을 찌르든지 하나의 섬광으로 두뇌에 남게 해야 한다.

스펜서 존슨Spencer Johnson이 변화에 관해 쓴 우화 《누가 내 치즈를 옮겼을까?》는 변화경영을 전문으로 하는 사람이 볼 때

함량 미달인 책이다. 결코 좋은 책이 아니다. 저자가 심혈을 기울인 증거는 아무 데도 없다. 심오하지도 특별나지도 재미있지도 않다. 변화에 대한 완성도 높은 이야기도 아니다. 수준 높은 우화도 아니고, 대화도 진부하고 유치하다. 그런데 이 책이 제법 잘 팔리는 이유는 무엇일까?

내용이 간단하고 명료하기 때문이다. 다섯 문장이면 책 내용이 정리된다. 두 마리 생쥐, 그리고 헴과 허라는 두 꼬마 인간들이 미로를 헤매다가 치즈가 가득 찬 창고를 하나 발견하였다. 느긋하고 행복한 마음으로 매일 치즈를 먹으며 놀았는데, 어느 날 치즈가 다 떨어져서, 허와 헴은 배가 고프고 걱정스러웠다. 마침내 허는 미로의 두려움을 무릅쓰고 새로운 치즈를 찾으러 두 마리 생쥐의 뒤를 따라나섰다. 늦었지만 새로운 치즈를 찾아 떠난 허는 미로를 헤매다 새 치즈 창고를 발견하고, 먼저 그곳에 와 있던 두 마리 생쥐와 함께 다시 행복하고 느긋한 시간을 보내게 된다. 한편 헴은 여전히 먹을 것이 바닥난 창고에 주저앉아 "누가 내 치즈를 가져갔을까?" 하고 분개할 뿐, 그곳을 떠나지 못한다.

이 책을 읽은 독자들은 단순하고 오해할 여지가 없는 명료한 교훈을 얻는다. "헴은 되지 말아야겠다. 적어도 회사에서 상사나 직원의 눈에 헴처럼 보여서는 절대로 안 되겠다"는 강력한 메시지를 얻게 된다. 메시지의 고착성이 이 책을 한 사람이 읽고 다른 사람에게 사주는 이유였던 것 같다. 내용이 간단하고 뻔해 이야기할 것이 없으니까, 내용을 전달해주는 것보다 책을 한 권 사주는 것이 훨씬 나았을 것이다. 지적 부담 없이 한 시간도 안 되어 메시지가 전달된다. 책이라는 매체를 통한 커뮤니케이션으로는 매우 신속하다.

둘째, 메시지가 상징성을 가져야 한다. 유엔 내 환경 프로그램의 일환으로 1996년 실시된 환경 문제와 사회 문제에 관한 보고서에서, 연구 대상이 된 세계 40개 기업 중 바디샵은 당당히 1위로 선정되었다. 1997년에도 1위가 되었다. 교사였던 중년 여인이 겨우 6,500달러를 가지고 뒷골목에서 시작한 기업이 환경 브랜드 파워 1위가 되면서 세계 30대 브랜드 파워 기업으로 성장할 수 있었던 것을 어떻게 해석해야 할까?

아니타 로딕의 바디샵에서 립스틱을 하나 사거나 목욕용 젤을 하나 살 때, 고객들은 그동안 아무 생각 없이 훼손하고 오염시킨 환경에 대한 죄책감에서 조금 벗어날 수 있다면 기분이 괜찮아질 것이다. 바디샵은 자사의 상품에 '환경'이라는 상징을 함께 담아 판 것이다. 문화적 상징과 철학은 사업에 엄청난 도움을 준다. 그것을 가지지 못할 때, 고객들의 눈에 비친 기업은 '장사꾼'에 지나지 않는다. 장사꾼은 이익에 따라 움직일 뿐이다. 그들은 고객을 보호하지 않는다. 다른 사람의 이익을 위해 이용당하고 싶은 사람은 없다. 그것이 인간이다. 당신이 장사꾼으로 보이는 날, 당신은 시장에서 끝났다 생각하라.

브랜드는 반드시
진실이어야 한다

당신이 만들어내려는 브랜드가 무엇인지는 당신이 결정해야 한다. 시장에서 불리는 당신의 이름이기 때문에 스스로 결정해야 한다. 그러나 그 브랜드가 불러일으키는 이미지는 다음 세 가지를 포함하는 것이 지식 사회의 특성에 맞다는 점을 유념하라.

첫째는 '전문성'이고, 둘째는 '개혁과 창의성'이며, 셋째는 '좋은 이웃'이다. 따라서 당신의 브랜드가 어떤 분야의 어떤 이름이든, 이 세 가지 이미지를 가지고 있지 않으면 상승의 기류에서 벗어나 있는 것이다. 당신은 결코 떠오를 수 없다.

'전문성'이란 우리가 지식 사회에 살고 있는 것을 받아들이고 최적화하는 것이다. 무엇을 해도 좋다. 하고 싶고 잘하는 것이면 된다. 그러나 반드시 그 분야의 최고가 되어야 한다. 지식

사회의 법칙은 카지노식 분배 방식을 가지고 있다. 즉 '이긴 사람이 다 가져가게' 되어 있다. 최고와 최고가 아닌 사람의 차이는 그것이다.

최고라는 의미는 '이미 되어 있는 결과'만을 말하는 것이 아니다. 늘 배우고 나아진다는 것을 의미한다. 또한 최고란 학습과정이다. 여기에 두 번째 원칙인 '개혁과 창의성'이 적용된다. 아이러니컬하게도 복고 역시 개혁의 일부분임을 잊어서는 안된다. 혁명의 시기 다음에는 늘 보수 반동의 시기가 오게 마련이다. 스피드와 혁명이 요구되던 시기가 지나면 사람들은 느림과 전통으로 돌아가 마음의 평화를 얻으려고 한다. 그러나 이미 변질된 세상 속에 있음을 늘 기억하라.

당신이 이미 한 분야의 최고라는 것을 보여줄 수 있으면 좋지만, 아직 아니라면 최고의 자리로 급부상하고 있다는 강력한 메시지를 전달하여야 한다. 이때 당신의 메시지는 기존의 최고를 꺾고 곧 최고로 부상할 수 있다는 자신감을 브랜드 속에 녹여내는 것이다.

예를 들어, 영국 버진 그룹 회장인 리처드 브랜슨은 시작할 때부터 최고의 상대를 적수로 골랐다. 그가 '버진 애틀랜틱'이라는 항공사를 만들었을 때, 상대는 '브리티시 에어웨이'였다.

최고에 등극하는 방법은, 기존의 최고를 꺾는 것이 가장 위험하지만 가장 효과적이다. 최고에 도전하는 방법은 절대로 모방하지 않는 것이다. 모방은 따라가는 것이므로 절대로 이길 수 없다. 자신이 개척하려는 새로운 시장으로 적을 이끌어내라. 자신만이 특화된 틈새시장으로 끌고 들어와 단숨에 격파해버리는 것이다. 전부 다를 가질 수는 없다. 그러나 한판 싸움에서 기존 시장에서 최고의 코피를 터뜨려놓았기 때문에, 특화된 시장에서 최고의 영예를 얻어낼 수 있다. 기존의 취약점을 자기 성장의 동력으로 이용할 수 있는 것은, 바로 '개혁과 창의'의 힘임을 잊어서는 안 된다.

개혁적이고 창의적인 떠오르는 전문 1인 기업으로 자신의 브랜드를 키워가면서 놓쳐서는 안 되는 것이 고객과의 '관계'이다. 비즈니스는 인간적인 것임을 잊어서는 안 된다. 최고의 전문가이지만 고객을 도와줄 생각도 없고 애정도 없는 사람으로 보인다는 것은 치명적이다. 이런 사람은 좋은 이웃으로 여겨지지 않는다. '좋은 이웃'이라는 '고객 관계'를 브랜드 속에 담아야 한다.

프랭크 베트거Frank Bettger라는 이상한 이름의 세일즈맨은 원래 야구 선수였는데, 부상을 당해 야구를 그만둘 수밖에 없었다. 몇 년 후에 그는 실패한 세일즈맨에서부터 미국 상위 5위권 안에 드는 성공한 생명 보험 세일즈맨이 되었다. 그리고 《실패에서 성공으로》라는 책을 썼다. 그 책에 이런 일화가 나온다.

어느 날 그는 한 친구의 소개로 젊고 유망한 건설업체 사장을 찾아갔다. 사장은 베트거의 소개장을 보더니 먼저 선수를 쳤다. "나는 보험에 대해서라면 관심이 없습니다. 한 달 전에 더 큰 보험에 가입했습니다." 베트거는 더 이상 얘기를 할 수 없었다. 그래서 사장에게 물었다. "앨런 씨, 어떻게 건설업을 시작하게 되셨습니까?" 사장은 무려 세 시간 동안이나 자신의 이야기를 했다. 비서가 결재 서류를 들고 들어오자 그제야 이야기를 마쳤다. 베트거는 사장에게 그의 희망, 인생, 야망, 목표 등에 대하여 물어보았고, 그는 다시 이야기를 시작했다. 인터뷰 도중, 사장이 이렇게 말했다. "내가 이런 이야기를 왜 당신에게 하는지 모르겠군요. 아내한테도 하지 않은 이야기인데요." 베트거는 2주 후에 젊은 사장이 그의 사업을 지속적으로 보호할 수 있는 몇 가지 제안을 했다. 그리고 크리스마스이브에 거액의 보험 계약을 체결했다.

나는 베트거가 한 일이 어떤 것인지 이해할 수 있다. 누구나 자신의 성공에 대하여 이야기할 때는 감정적으로 살아난다는 것을 알고 있다. 누구에게나 인생이 재미있을 때가 있게 마련이다. 그 사람이 지금 어떤 상태에 있건, 인생이 가능성으로 차 있던 작은 기쁨의 순간들이 있게 마련이다. 사람들은 그때를 이야기할 때 흥분하고 눈을 빛내며, 얼굴은 생기로 반짝인다. 마음이 열리는 순간들이다.

무엇을 팔려고 해서는 안 된다. 최고의 세일즈맨은 판매에 능한 사람이 아니다. '고객이 최선의 선택을 할 수 있도록 도와주는 것'임을 잊어서는 안 된다. 자신의 것을 파는 것이 아니다. 최고를 살 수 있도록 도와주는 것이다. 결정은 늘 고객이 한다. 고객이 올바른 결정을 할 수 있도록 하는 것이 '고객 관계의 요체'이다.

늘 잊고 지내는 것이지만, '한 번의 거래'는 중요하지 않다. 이것은 남성적 사고의 전형적인 특성 가운데 하나이다. 더 이상 비즈니스를 경쟁을 물리치고 꼭 이겨야 하는 전투로 이해해서는 안 된다. 비즈니스는 이제 한 가지씩 그 관계의 조각을 맞추어나가는 복잡한 모자이크이다. 여성적으로 생각하라. 남에게 손을 내밀고 다른 사람이 손을 뻗쳐 오도록 하는 것이 바로 좋은 이웃 관계이며, 고객 관계의 기초이다.

잊지 말아야 할 것이 있다. 브랜드는 창조하는 것이라는 말을 오해하면 안 된다. 이것은 거짓을 만들어내는 것이 아니다. 브랜드는 과장된 광고를 통해 만들어져서는 안 된다. 언어의 유희여서도 안 된다. 브랜드는 자신이 전달하고 싶은 것을 전달하려는 그 약속 그대로 진실이어야 한다. 문화와 정신이 들어 있지 않은 상품은 시장을 장악할 수 없다. 상품이 담겨 있는 상자 이상의 무엇인가를 전해주지 못하고는 사업에 성공할 수 없다.

이 단계에서 해야 할 일 ⑦

이제 당신은 몸도 마음도 영혼도 모두 바친 '3년간의 자기 혁명 프로젝트'의 마지막 단계에 와 있다고 가정하라.

이 단계에서 해야 할 일은 분명하다. 당신은 이제 당신이 좋아하는 전문 서비스를 제공하는 1인 기업의 경영자이다. 당신의 기업은 시장에서 불리는 정신적이고 문화적인 또 하나의 이름, 즉 브랜드를 필요로 한다. 다음과 같이 지속적으로 그것을 만들어가라.

첫째, '자기 혁명의 지도'에서 전체의 일관성을 주도하는 '가치관'을 정리했던 것을 기억할 것이다. 당신의 브랜드를 그 가치관과 일치시켜라. 그리고 늘 일탈하지 않도록 조율하라.

둘째, 고객이 누구인지 명확히 적어라. 그들이 바라는 것이 무엇인지 적어라. 자신의 일에 스스로도 감동할 수 있는 지극한 정성을 쏟아 넣어라. 그리고 고객에게 최상의 것을 주기 위해 최선을 다한 자신의 일화를 만들어라. 리더십의 핵심 중 하나는, 다른 사람에게 들려줄 만한 깊이 있는 자기 체험을 가지고 있는 데 있다. 감동적인 자신의 이야기를 가지고 있을 때 우리는 다른 사람을 쉽게 설득할 수 있기 때문이다.

셋째, 가상의 이사회를 만들어라. 역사 속에서 당신이 가장 존경할 수 있는 사람 7명을 골라내어 중요한 결정을 내릴 때마다 그들과 조용히 회동하라. 그들을 당신 기업의 이사회 멤버로 활용하라. 그리고 또 당신에게 경종이 될 만한 7명의 바보를 역시 이사회 멤버로 초빙하라.

예를 들어 다음과 같은 일들을 상의하고 싶은 사람이 누구인지 찾아보라.

① 당신이 꿈을 잃어갈 때 만나고 싶은 사람은 누구인가?

② 꿈을 잃은 사람의 전형으로 꼽을 수 있는 사람은 누구인가?

③ 당신이 가치관에 위배되는 행위를 하도록 강요되거나 유혹받을 때 만나고 싶은 사람은 누구인가?

④ 가치관을 잃어버림으로써 결국 자신을 망가뜨린 사람들 중 대표적인 사람은 누구인가?

⑤ 변화와 혁명이 필요할 때 만나고 싶은 사람은 누구인가?

⑥ 늘 익숙한 생활 외에는 어떤 것도 시도하지 않으려고 하는 사람들 중에서 가장 먼저 떠오르는 사람은 누구인가?

⑦ 어려운 문제에 처하게 되었을 때 만나고 싶은 사람은 누구인가?

⑧ 인생에는 늘 한가지 정답밖에 없다고 믿는 바보 중에서 가장 먼저 떠오르는 사람은 누구인가?

⑨ 용기가 필요할 때 만나고 싶은 사람은 누구인가?

⑩ 비겁함 때문에 아직도 경멸받고 있는 사람은 누구인가?

⑪ 돈과 관련된 일을 다루고 싶을 때 자문을 구하고 싶은 사람은 누구인가?

⑫ 돈을 잘못 다루어 모멸을 받고 있는 사람으로 누구를 들겠는가?

⑬ 개인의 사회적 책임에 대하여 닮고 싶은 사람은 누구인가?

⑭ 윤리·교육·환경적 측면에서 비난을 받고 있는 대표적인 사람은 누구인가?

그대가 가장
빛나 보일 때

어떤 사람에게나 높은 파도를 타는 듯한 순간이
온다고 생각합니다.
자신도 모르는 무언가 강한 힘에 이끌려
파도에 올라탄 후 기세 좋게 미끄러져 갑니다.
그때는 멈출 수 없습니다.
사람이 빛나 보이는 때는 바로 이런 때입니다.

남부 야스유키 南部靖之

한 사람이 창을 등지고 책상 앞에 앉아 있다. 그 옆에 커다란 화분이 하나 놓여 있다. 오후가 저물어가고 길게 빛이 들어오자, 이 사람이 앉아 있는 앞쪽 벽에 그의 모습과 화분의 그림자가 실루엣을 만들며 투사되었다. 그는 일어나 화분이 만들어낸 그림자를 따라 페인트를 칠하기 시작하였다. 그저 알 수 없는 흥을 따라서…

다음 날이 되었다. 일을 하고 있던 그는 문득 고개를 들어 앞쪽 벽을 바라보았다. 석양은 화분의 그림자를 벽면에 투사하였고, 어제 그 시각이 되자 화분의 그림자는 어제 그려놓은 그림에 정확하게 포개지기 시작했다. 짧은 시간이 흐르고 그림과 그림자는 어긋나 헤어졌다. 그다음 날도 그랬다. 그 후 그는 두 달간 다른 나라로 출장을 떠났다. 그리고 다시 돌아와 사무실에 앉아 저녁이 가까워오는 늦은 오후의 바로 그 시각에 앞쪽 벽을 보았다. 그러나 그림과 그림자는 겹치지 않았다. 그림자는 그려놓은 그림과 만날 생각조차 하지 않았다. 홀로 엉뚱한 궤적을 그리고 있었다. 지구와 태양은 이미 다른 각도로 만나고 있었기 때문이다.

그림과 그림자가 정확히 그 시각에 겹친다고 느껴지는 때는 1년 중 극히 짧은 며칠뿐이다. 혹시 살면서 우리 인생에도 이렇게 딱 떨어지는 절묘한 순간이 있는 것은 아닐까? 혹시 그 순간을 놓치면 자신과 운명은 영원히 헤어져, 타고난 운명대로 살지 못하고 남이 되어 세상을 떠돌다 가는 것은 아닐까? 한 번만이라도, 적어도 한 번은 불같이 뜨거운 인생을 살 수 있지 않을까?

남부 야스유키는 1952년생이다. 인재 파견업체인 파소나 그룹의 회장이며, 〈포브스〉가 선정한 일본의 30대 부자 중의 한 사람이다. 소프트뱅크 사장으로 일본 최고의 갑부 중의 한 사람이 된 재일교포 손정의가 '가장 존경하는 선배 중 하나'로 꼽는, 일본의 미래를 대표하는 차세대 경제계 리더로 알려진 사람이다. 그는 다음과 같이 말한다.

"어떤 사람에게나 높은 파도를 타는 듯한 순간이 온다고 생각합니다. 자신도 모르는 무언가 강한 힘에 이끌려 파도에 올라탄 후 기세 좋게 미끄러져 갑니다. 그때는 멈출 수 없습니다. 사람이 빛나 보이는 때는 바로 이런 때입니다."

빛나는 인생을 산다는 것은 좋은 일이다. 그것은 열중하는 것이다. 열중할 수 없다면 그 일은 자기 일이 아니다. 푸른 하늘로 던져 올려지는 그 통쾌한 전율이 없다면, 우리는 신이 우리에게 준 일을 하고 있는 것이 아니다. 기다려야 할 때도 있다. 그러나 언제나 자신에 대해 깨어 있어야 한다. 자신과 우정을 나눌 수 없는 사람은 누구와도 나눌 수 없다. 자신을 잘 모르는 사람은 인간을 이해할 수 없다. 그들은 결국 다른 사람이 규정하는 대로 살 수밖에 없다. 규정당함으로써 그들은 더 이상 자기 자신으로 남아 있을 수 없게 된다.

살면서 그런 열중의 순간이 찾아오면, '지금이 바로 그때'라고 여길 수 있어야 한다. 그때를 놓치면 다시는 운명과 만날 수 없다. 그때 그 순간이 자신의 운명이 되도록 하여야 한다.

지금을 그대로 흘려보내는 사람에게는 '지금'이란 없다. 그저 '다음'이 있을 뿐이다. 현재가 존재하지 않기 때문에 그에게는 현실이 없다. 따라서 그는 살고 있는 것이 아니다. 많은 사람들이 현실 때문에 꿈을 이룰 수 없다고 말한다. 하고 싶은 일은 많지만, 현실이 그렇게 할 수 없게 한다고 말한다. 아니다. 잘못된 말이다. 지금 열중하고 있지 않기 때문에, 꿈을 이룰 수 없는 것이다.

나는 철학자는 아니다. 그러나 철학이 일반인들로부터 멀리 떨어져 있어서는 안 된다고 생각한다. 철학은 어려운 것이 아니다. 그것은 자신에 대한 탐구이며, 그 저변의 어두움 속에 감춰져 있는 것들에 대한 물음과 발견이다. 잊고 있는 자신을 향하여 눈을 돌리는 것, 이것이 변화의 시작이다. 그리고 자신에 대하여 발견한 사실들을 받아들이고, 안개처럼 흐릿한 개성에 구체적인 영상을 부여하는 것이 자기 혁명의 과정이다. 유전자 속의 재능과 후천적인 수련이 마치 두 사람이 함께 추는 춤처럼 어우러진 것이 바로 좋은 인생이다. 자신을 대상으로 하는 부지런하고 끊임없는 실험을 통해, 우리가 배우고 학습한 것을 다시 자신의 미래에 적용하는 과정이 바로 변화인 것이다.

당신이 빛나 보이는 그 열정의 순간에 당신은 다시 세상과 뜨겁게 만나게 된다. 좋아하는 일에 빠져서! 당신의 이름은 이제 개인적인 이름이 아니다. 그리고 당신의 지식과 전문성은 사회적 책임을 가지고 있는 공공의 자산이 된다.

나를 진정으로 믿어준 한 사람

구해언

구본형 변화경영연구소 연구원

2023년 4월 1일, 마포의 한 공연장에서 구본형 선생의 소천 10주기를 기리는 추모회가 열렸습니다. 그곳에는 다양한 나이와 직업을 가진 사람들이 모여 있었습니다. 모두 손에 책을 들고 있었는데, 그 표지에는 '구본형'이라는 이름이 새겨져 있었습니다. 사람들은 선생님과의 추억을 나누며, 마치 시간여행을 하듯 그의 가르침과 함께했던 순간으로 돌아갔습니다.

왜 이토록 많은 사람이 한 작가를 기리기 위해 모였을까요? 매일 새로운 자기계발서가 쏟아져 나오는 이 시대에 그의 이름이 여전히 살아 있는 이유는 무엇일까요? 그 답은 아마도 구본형 선생이 단순히 책을 쓰는 작가에 그치지 않고, 사람들의 마음속에 변화를 일으키는 스승으로 자리 잡았기 때문일 것입니다.

스승 구본형

처음 스승으로서의 구본형을 만나게 된 것은 그의 책을 통해서였습니다. 제가 그의 글을 이해할 수 있는 나이가 되었을 때, 막 사회생활을 시작하고 있었고, 구본형 선생의 책은 제 마음에 꼭 들어맞는 문장들로 제 삶을 지탱해주었습니다. 그의 글은 단순히 '노력하라'는 채찍질이 아니었습니다. 마치 내 마음을 읽고 있다는 듯, 현실이라는 벽에 부딪힌 저를 따뜻하게 다독이며, '기쁜 마음으로 세상을 만나 자기다운 길을 만들어가라'는 단단한 메시지를 전했습니다. 그의 글은 저를 알아봐주는 것 같았고, 마음속에 용기와 의지의 불씨를 피워 올려주는 듯했습니다.

그 울림은 단지 책 속에서 끝나지 않았습니다. 구본형 선생의 사상을 깊이 탐구하고자 저는 그의 1인 기업, 구본형 변화경영연구소의 문을 두드렸습니다. 비록 선생이 계시지는 않았지만, 그의 가르침을 완전히 체화한 연구원들과의 교류를 통해, 저는 더 깊은 배움의 길에 들어섰습니다.

그러나 지금 돌이켜보면 당시에는 연구원 활동이 저에게 어떤 의미였고 어떤 영향을 줄지 완전히 이해하지는 못했던 것 같습니다. 저는 뭔가 그럴싸한 답을 원했고, 손에 잡힐 듯한 제 강점이 저절로 찾아지길 바랐으며, 그로 인해 제 삶이 드라마틱하게 변화하기를 기대했습니다. 그러나 제 삶은 그러지 않았습니다. 저는 그때도 불안해하는 직장인이었고, 지금도 고민이 많은 직장인입니다.

연구원 시절은 씨앗을 심는 기간이었습니다. 그것이 무엇으로 자랄지는 알 수 없었지만, 시간이 지나면서 그 씨앗은 제 안에서 믿음으로 자라났습니다. 저는 스승 구본형이 연구원 과정을 통해 전하고 싶었던 것은 어떤 상황에서도 자신다운 삶으로 변모해낼 수 있다는 내적 믿음을 이끌어내는 것이라고 생각합니다. 자신을 믿는 용기를 통해, 저는 제 삶이 비록 화려하게 변하지는 않았더라도, 한층 더 단단해졌음을 느낍니다.

구본형 선생은 사람들을 단순히 배우는 대상으로 보지 않았습니다. 그는 우리가 이미 변화를 이룰 가능성을 지닌 존재임을 믿어주셨습니다. 그의 믿음은 우리를 다독이는 따뜻한 위로이자, 삶의 가능성을 다시 바라보게 하는 강렬한 응원이었습니다. 그는 우리의 삶이 혁명이 될 수 있다는 것을 진심으로 믿었습니다. 이 믿음은 그가 변화경영 전문가에서 변화경영 사상가로 도약한 근거이기도 합니다.

자신이 모르는 삶 속에도 자신을 온통 바꿔놓을 변화의 불씨가 있다고 믿기 위해서는 큰 용기가 필요합니다. 그는 제가 아는 사람 중 가장 용기 있는 사람이었습니다. 그리고 아주 오랜 시간을 거쳐 제 마음속에도 드디어 자신에 대한 믿음을 이끌어낸 스승입니다. 선생님과의 사숙을 통한 여정은 제게 자신에 대한 믿음을 바탕으로 자신의 주인이 될 자격이 있음을 알게 해주었고, 이제 저는 그 가르침을 토대로 제 방식대로의 삶을 살아내고 있습니다.

아버지 구본형

구본형 선생은 스승으로서 내면의 믿음을 심어주셨고, 아버지로서 그 믿음이 자랄 수 있도록 지켜봐주셨습니다. 스승으로서 그는 변화할 수 있다는 가능성을 보여주셨고, 아버지로서 그는 제 삶의 순간순간에 실질적인 지지를 보내주셨습니다.

아버지와 저는 사이좋은 부녀였지만, 부모와 자식 간에는 즐거운 이야기만 할 수 없습니다. 때론 부모로서 자식에게 충고가 필요할 때가 있습니다. 아버지는 그럴 때마다 편지를 써주셨습니다. 편지는 잔소리를 싫어하는 딸과 숙고가 필요한 아버지를 연결하는 멋진 소통 방법이었습니다.

아래의 편지는 세워놓았던 계획이 제 실수로 틀어지게 생기자 심하게 자책을 하던 저에게 아버지께서 보내주신 편지의 일부입니다.

사람들은 성공의 비밀을 배우고 싶어 한다. 그러나 성공은 매우 간단한 법칙에 의해 움직인다. 운과 노력, 이게 거의 전부다. 그것은 빛나는 것이고, 자랑할 만하고 자신감을 준다. 그 결과의 혜택을 보게 되지만 많은 레슨을 주지는 못한다. 반대로 많은 교훈을 주는 것은 실패와 실수다. 성공이 자신감을 주는 것이라면 실수는 배움을 준다. 따라서 실패와 실수 속에서 어떻게 배우느냐가 그 사람의 삶에 결정적이다.

실수와 실패의 일차적 느낌, 중요한 것은 그다음 단계야. 여기서 끝나면 실수와 실패는 전혀 긍정적으로 작동하지 못하는 것이야. 중요한 것은 문제를 누군가의 도움을 받아 어찌어찌 풀어 나가는 것이 아니라, 그 해결의 방법을 체득하는 것이다. 이때 실수는 창조적이고 생산적이 된다. 이것이 바로 '체험을 통한 배움'이다.

이번 과정을 통해 아빠가 느낀 것인데, 자신에 대해 좀 더 자부심을 느껴도 좋을 것 같다. 가장 중요한 것은 '네 강점에 네 미래를 건설하라'는 것이다. 약점에 연연하지 마라. 네 강점을 가지고, 좋은 사람들을 만나고, 그들에게서 그들의 강점을 발견하고 유쾌히 지내도록 해라. 그 사람의 강점을 네가 가지지 못했다는 것에 우울해하지 마라. 네 강점으로 압도하라.

_2009년 6월 24일 아침, 아빠

오랜 편지를 다시 읽으면 당시에는 마음속 깊이 이해하지 못했던 내용들이 고개를 끄덕이게 합니다. 자신의 약점, 혹은 거기서 기인한 갈등이나 실수에서도 배울 수 있는 방법이 있음을, 그리고 그렇게 극복해낸 경험들이 쌓여 이윽고 딸이 자기 자신을 좋아할 수 있게 되길 바랐던 아버지의 마음이 행간에서 보입니다.

특히 저는 아버지를 많이 닮은 딸이었습니다. 아버지와 같이 찍힌 사진을 보면 이목구비가 비슷한 두 사람이 웃고 있습니다. 그런데 아버지를 닮은 부분이 외모뿐만 아니라 전반적인 성격과 약점까지도 닮았던 것 같습니다. 아버지께서는 저에게 편지를 자주 보내주셨는데 제가 자기 자신을 잘 활용할 수 있는 방법을 알려주고 싶으셨던 것 같습니다.

살아오면서 많은 시행착오는 있었지만, 저는 비슷한 일이 있을 때마다 조금씩 스스로의 행동을 개선하려 노력했고, 지금은 자신을 제법 좋아하게 되었습니다.

인간 구본형

스승으로서의 가르침과 아버지로서의 가르침은 저에게 서로 다른 영역에서 중요한 영향을 끼쳤습니다. 그 교집합에는 자신에게 주어진 능력을 온전히 활용하며 스스로의 길을 만들어 나아간 인간 구본형의 모습이 있습니다.

우리는 살면서 좋아하는 일만 하며 살 수 없다는 현실을 받아들입니다. 그와 동시에, 내 삶이 내가 싫어하는 일들만으로 채워질 수는 없다는 것도 중요한 깨달음입니다. 구본형 선생은 자신의 삶을 실험 대상으로 삼아, 어느 순간을 기점으로 자신이 좋아하여 스스로를 살아 있게 만드는 시간을 하루 속에 단단히 세웠습니다. 그 시간은 점점 더 확장하여 마침내 그의 삶은 완전히 자신만의 길로 변모했습니다.

그와 같은 시대를 살았다는 것, 그를 스승이자 아버지로 만날 수 있었다는 것, 그리고 그의 사상을 이해하고 느낄 수 있다는 사실에 저는 진심으로 감사하고 있습니다. 존경하는 스승이자 사랑하는 아버지, 그리고 귀감이 될 한 인간으로서 구본형 선생의 글과 삶, 사상은 지금도 우리 안에 잠든 불꽃을 깨우는 생명력을 가지고 있습니다. 이번에 김영사에서 새롭게 출간되는 《그대, 스스로를 고용하라》 25주년 기념판이, 세상에서 나를 믿어주는 한 사람을 만나고, 그 믿음을 바탕으로 용기와 위로를 얻는 계기가 되길 진심으로 기원합니다.

《그대, 스스로를 고용하라》를 지금 여기에서 '읽고' '사는' 법

김호

더랩에이치 대표, 목수, 《직장인에서 직업인으로》 저자

> 진정한 실업은, 지금 봉급을 받을 수 있는 일자리를 가지지 못한 것이 아니라, 미래의 부를 가져다줄 자신의 재능을 자본화하지 못하는 것이다._26쪽

2007년 5월. 50대 초반의 구본형 작가를 30대 후반의 나는 어색하게 만났다. 그가 진행하는 '나를 찾아 떠나는 여행'에 등록한 뒤 서울 근교 한 펜션으로 떠나는 출발지에서 처음 인사를 나누었다. 10명 조금 안 되는 참가자들 모두 초면이었다. 나는 회사에 사표를 낸 상태였는데, '스스로를 고용'하는 삶을 살고 싶다는 욕망이 있었기에 이 프로그램에 참여했다. 욕망의 크기만큼 두려움도 컸던 시기였다. 사흘 동안 술은커녕 밥도

먹지 않고 레몬즙과 포도알만 먹는 단식을 하며 '스스로를 고용'하기 위해 혼자 또 함께 치열하게 '나를 찾아 떠나는 여행'을 했다. 가장 중요한 과제는 10년 뒤인 40대 후반에 돌아보고 싶은 '10대 풍광'을 만드는 것이었다.

2025년. 구본형 작가를 처음 만난 지 20년 가까이 되어간다. 동시에 그가 세상을 떠난 지 10년이 훌쩍 넘었다. 이제 나는 우리가 처음 만났을 당시의 그보다 더 나이가 들었다. 지금도 신기한 것이 있다. 불안과 함께 '스스로를 고용'하기 시작한 2007년 30대 후반의 그때, 10년 뒤인 2017년 40대 후반에 이루고 싶다며 만들었던 '10대 풍광'이 시점과 정도의 차이만 있을 뿐 모두 이루어진 것이다.

나는 이루고 싶은 10대 풍광의 하나로 "1년에 두 달은 해외에서 지내며 '하프타임'을 갖고 싶다"고 썼다. 쓰면서도 불가능할 것이라 생각했다. 하지만 원하는 삶이었기에, 일단 적었다. 지금 나는 가나자와에서 일하며 이 글을 쓰고 있다. 일본 교토와 나라, 미국과 캐나다 동부 등에서 일을 하는 동시에 여행도 하는 실험을 해보게 되었다. 지내는 곳과 상관없이 어디서나 일할 수 있는 실험(나는 이를 WALA^{Work And Live Anywhere}로 이름 붙였다)을 하고 있다. "2017년까지 다섯 권의 책을 쓰겠다"고 10대 풍광에 적었는데, 지금까지 그보다 더 많은 책을 쓰고 옮기게 되었다. 목수로서 가구를 만들어 팔겠다고 적었던 장면은 목공기술을 활용, 2023년과 2024년 두 번의 개인전을 통해 작품을 소개하고 판매하는 것으로 실현되었다. 이 모든 것이 불안 속에서 '스스로를 고용'하면서 벌어진 일들이다.

《그대, 스스로를 고용하라》 출간 25주년이 되었다. '오래된' 책이다. 하지만 이 책에 담긴 메시지는 인공지능의 시대, 숨 쉬며 살아 있는 수명은 늘어나는 반면 직장에서 버틸 수 있는 수명은 더욱 짧아지는 시대에 놀랍도록 '잘 먹히는' 내용이다. 25년 전에 펴낸 이 책에서 모바일 오피스와 재택근무에 대해 소개했는데, 이는 그가 IBM에서 근무하며 앞으로 변화할 업무 방식을 미리 접했던 것과 연관 있을 것이다. 기술과 사회가 변화해도 앞으로 수십 년간 '그대, 스스로를 고용하라'는 메시지는 늘 현재의 과제로 인정받을 것이다. 직장에 다니고 있든 그렇지 않든 자신의 재능을 찾아 자본화하는 마인드셋이 필수인, 스스로를 고용하지 않고는 살아가기 힘든 시대를 이미 우리 모두 경험하고 있다.

1부. 책만 읽지 말고 나를 읽어라

마음에 드는 좋은 노트 한 권을 사라. 종이와 연필만큼 위대한 지적 수단은 없다._68쪽

이 책을 지금 여기에서 어떻게 읽어야 할까? 《그대, 스스로

를 고용하라》는 크게 '읽어야 하는' 부분(0장과 1부)과 '살아야 하는' 부분(2부와 맺는 글)으로 이루어져 있다.

0장 '그대 스스로를 고용하라'와 1부 '출사: 그대의 꿈은 아직 살아 있는가?'는 책만 읽어서는 소용이 없다. 책과 함께 (컴퓨터가 아닌) 공책과 펜, 거울을 가져다 놓자. 좋아하는 차나 술 한 잔을 함께해도 좋다. 책을 읽다가 와닿는 부분에 줄을 그으며 잠시 책 읽기를 멈추고 거울을 1분간 쳐다보자. 내 모습과 마주하는 것이다. 구본형 작가가 던진 화두를 놓고 거울 속의 나와 대화를 나누어보자. 이때 떠오르는 나의 모습을 노트에 적어나가자.

"직장인은 죽었다"(13쪽) 혹은 "미래의 부를 획득함에 있어 가장 중요한 출발점은, 자기 마음속에 자리 잡은 피고용 직장인이라는 전통적 인식을 파괴하는 것이다"(27쪽)라는 대목에서 어떤 생각이 드는가? 내 안에 '남에게 고용된 것으로만 살아갈 수 있다고 생각하는 모습'은 어떤 것이고, 왜 그렇게 생각하는지, 내 안에서 '죽여야' 할 모습은 무엇이고, 새롭게 '스스로를 고용할' 수 있는 모습은 무엇인지를 놓고 나 자신과 대화하고 내 생각을 적어보자. 구본형 작가의 프로그램 시작 전 참가자 모두는 자기 삶의 역사를 글로 풀어 제출했다.

유튜브와 강연, 책을 통해 좋은 이야기를 접하면서도 실질적인 변화를 만들지 못하는 이유는 유명한 사람의 말을 들었을 뿐 자기 안의 목소리는 듣지 못했기 때문이다. '그대 스스로를 고용'하기 위해서는 '그대 스스로를 마주'해야 한다. 구본형은 "과거를 죽이지 않으면 새로운 현실은 없다"(28쪽)고 말한다. 그러려면 나의 과거와 제대로 대면해야 하는데, 이때 글로 적어보는 작업이 꼭 필요하다.

2부. 책을 읽지만 말고 시간을 내어 직접 살아라

1부에서 스스로를 고용하기 위해 나를 이해하는 작업을 했다면, 2부에서는 스스로를 고용하기 위해 지금 여기에서 주어진 시간을 어떻게 살아야 할지 고민해야 한다. 2부 역시 읽기만 해서는 시간 낭비일 것이다. 2부에서 가장 중요한 핵심은 하루의 8%인 두 시간을 '스스로를 고용'하기 위한 작업에 투자하는 것이다. 그 두 시간 동안 무엇을 할지에 대한 아이디어는 이 책에 넘친다. 자신이 처한 상황에서 할 수 있는 것부터 '저스트 두 잇Just Do It' 하는 것이 핵심이다.

직장과 집에서 얼마나 할 일이 많은데 두 시간이나 써야 한다니 의문이 생길지도 모르겠다. 나 역시 그렇게 생각했었다. 하지만 다시 생각해보자. 우리가 가진 대표적인 자원에는 돈과 시간이 있다. 미래를 위해서 지금 수입의 8%를 저축하거나 투자해야 한다면 뭐라고 이야기할까? 아마도 많은 사람이 '그렇게 조금 모아서 뭐가 되겠어?'라고 생각할 것이다. 그런데 시간을 8%씩 축적해가는 것은 지나친 것일까? 게다가 돈은 나중에 보너스나 퇴직금을 받아 한꺼번에 투자할 수 있지만, 시간은 다르다. 오늘부터 두 시간씩 축적해야 30일 후에 60시간, 365일 후에 730시간, 10년 뒤에 7,300시간(304일에 해당)이 쌓인다. 돈과 달리 시간은 한꺼번에 벌 수도, 쓸 수도 없다. 매일 조금씩 축적만이 가능하다. 그래야 '스스로를 고용'하는 '복리' 효과를 누릴 수 있다.

구본형 작가는 하루를 22시간이라 정의하고 매일 최소 두 시간은 오롯이 스스로를 고용하는 데 썼다. 그리고 스스로를 고용한 뒤에는 자신의 가치를 높이기 위해 더 많은 시간을 썼다.

내 경우에는 습관처럼 저녁 약속을 잡다가, 아예 저녁 약속은 하지 않는 것을 기본default으로 삼는 전략을 썼다. 2024년 내가 외부 사람과 저녁 식사를 한 것은 평균 한 달에 한 번 정도였다. 1년에 350일 이상의 저녁 시간을 스스로를 고용하는 작업에 썼다는 뜻이다. 어떻게 일하면서 책을 쓸 수 있는지 질문을 받을 때가 있다. '혼자만의 시간'을 만들면 가능하다.

"갈 데가 없어도 떠나지 않으면 안 될 때가 있다."(125쪽) 구본형 작가는 미국의 작가 테네시 윌리엄스의 말을 인용한다. 스스로를 어떻게 고용해야 할지 몰라도 남에게 고용된 마인드셋으로부터 떠나지 않으면 안 될 때가 있다. 그 적정한 시점은 사람마다 다르다. 하지만 한 가지는 명확하다. 남이 나를 밀어낸 다음이 아닌 그 전에 스스로를 고용하는 삶을 실험하는 것이 항상 더 낫다.

매달 25일, 월급이 꼬박꼬박 들어오는 '확실성'과 스스로를 고용하는 실험의 '불확실성'을 비교하면 이 실험을 미루게 된다. 구본형 작가가 지적하듯 스스로를 고용하는 여정에 함께하는 위험risk이란 '(월급) 상실 가능성'이 아닌 '자신이 좋아하는 일을 하며 수입을 만들 수 있는 기회'로 보아야 하지 않을까? 이는 마치 원금 손실을 걱정하느라 어떠한 투자도 하지 않는 것과 비슷하다. 스스로를 고용하는 실험을 내일로 미루며 '위험을 관리하고 있다'고 느낀다면, 혹시 내가 그저 위험을 뒤로 미루고 있는 것은 아닐지 다시 생각해보자.

"실업의 불안과 절망에서 벗어날 수 있는 길은, 직장인의 특성인 '고용당한다'는 개념을 죽임으로써 스스로를 고용하는 방법밖에는 없다."(29쪽) 구본형 작가는 말을 빙빙 돌리지 않고 직설적이었다. 이 문장을 읽으며 온화하면서도 결기에 찬 그의 두 눈이 떠올랐다.

구. 본. 형. 그는 59년이라는 '짧은' 삶을 살았을지 모른다. 하지만 그가 '스스로를 고용'하여 많은 독자, 그리고 구본형 변화경영연구소라는 공동체를 통해 '어제보다 아름다워지려는 사람'을 도운 영향력을 생각하면 그는 누구보다 '오래' 살았다. 아니 지금도 '스스로를 고용'하려는 사람들을 이 책을 통해 도우며 독자들과 함께 살아 있다.

여러분은 그가 남긴 소중한 책을 펼쳤다. '스스로를 고용'하는 여정을 더 이상 미루지 않고 지금 여기에서 이 책과 함께 시작하길 바란다. 좋아하는 일로 재미와 의미, 그리고 돈을 버는 삶을 살아가며 어제보다 더 내 모습으로 살아가기 위해서.

《그대, 스스로를 고용하라》
별책부록

자기 혁명 노트

김영사

Contents

Part 1

진정한 나를
만나는 시간

마음에 드는 노트 한 권을 사라.
종이와 연필만큼
위대한 지적 수단은 없다.

첫 장을 자신의 모든 것을 담은 솔직한
재능의 이력서를 쓰는 것으로 시작하라.

솔직하다는 뜻은
당신만 알고 있는
비사祕史에 기초하라는 뜻이다.

부끄러움, 수치, 죄책감, 자랑, 긍지 등
온갖 감정적 족쇄로부터 자유로워져라.
마음을 풀어놓고 시작하라.

《그대, 스스로를 고용하라》 68쪽

1. 재능의 이력서

삶의 역사 돌아보기

Q1

부모님은 어떤 분들인가?
어떤 기질과 재능을 가지고 계시는가?
당신만 한 나이였을 때, 그들의 꿈은 무엇이었을까?

Q2

어린 시절을 떠올려보자.
가장 잘했던 일, 그리하여 학교에서 칭찬을 받고
부러움을 산 일은 무엇인가?

Q3

당신의 직무 중에서
가장 좋아하는 활동은 무엇인가?
그 이유는 무엇인가?

Q4

당신의 직무 중에서
가장 싫어하는 활동은 무엇인가?
그 이유는 무엇인가?

Q5

어린 시절 어떤 직업을 갖고 싶었는가?
초중고 시절의 장래희망, 그리고 20대 이후
꿈꾼 직업을 돌이켜보자.

Q6

지금은 어떤 직업을 원하는가?

그저 해치워야 할 지루한
일상적 일정밖에 없는 하루 속에서,
우리는 열정을 지닌 채 살아갈 수 없다.

아침에 일어나서 눈을 뜨자마자
기원할 수 있는 기도문을 하나
만들어보라.

하나님에게 하는 기도여도 좋고,
부처님에게 드리는 예불이어도 좋다.
자기에게 하는 다짐이어도 좋다.

중요한 것은,
우리가 매일매일을
다시 오지 않는 마지막 날처럼
사는 것이다.

《그대, 스스로를 고용하라》 92쪽

2. 나의 기도문

일관된 가치관 정하기

Q

당신이 소중하게 생각하는 것,
간절히 바라는 것이 있는가?
매일 밤 꺼내 읽을 짧은 기도문을 지어보자.

인생은 완벽한 것이 아니다.
늘 만들어가는 것이기 때문이다.
따라서 모든 것을 다 갖춘 다음에
시작한다고 생각하지 마라.

살면서 해오던 이런저런 생각들을
한 달 동안 정리하여
3년 후를 만들어보겠다는
실험 정신으로 시작하라.
자신의 모든 것을 걸어보겠다는
마음으로 시작하라.

《그대, 스스로를 고용하라》 95쪽

3. 꿈의 명함

목표 구체화하기

Q

3년 뒤 사용하고 싶은
명함의 초안을 구상해보자.

- 이름

- 주소

- 전화번호

- 이메일 주소

- 3년 후 가고 싶은 '아름다운 곳'

Part 2

자기 혁명 프로젝트
로드맵

인류의 역사는
평범한 사람들의 역사이다.
평범과 비범 사이에 존재하는 것은
'어떤 변화'이다.

성공한 사람들은 '어떤 날' 모두
평범에서부터 비범으로
자신의 인생을 바꾸어놓았다.

평범과 비범 사이에 존재하는 변곡점이
바로 우리가 찾고 싶어 하는 포인트이다.

《그대, 스스로를 고용하라》 101쪽

4. 자기 혁명의 지도

연도별 목표 정하기

Q

사분면에 현재 위치, 최종 목표,
중간 도착지를 표시해보자.

- 현재 위치
- 1년 뒤 중간 도착지
- 2년 뒤 중간 도착지
- 3년 뒤 중간 도착지
- 일관된 가치관

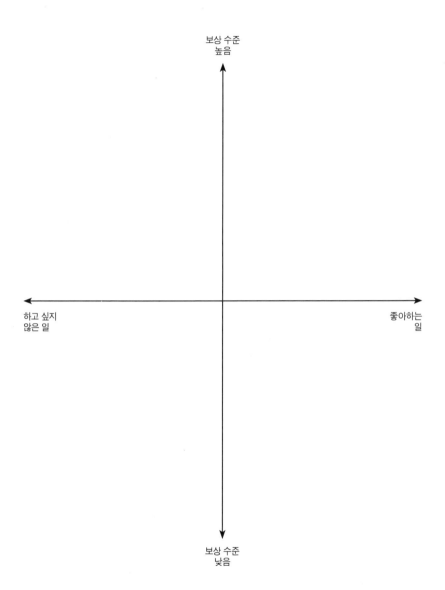

보상 수준
높음

하고 싶지
않은 일

좋아하는
일

보상 수준
낮음

이제는 결코 과거로
돌아가지 않으리라는 것을 확인시켜라.
이제는 가장 나답게 살게 될 거라고
주술을 걸어라.

내게 주어진 것이
아무리 작은 재능일지라도
나에게만 주어진 것이기 때문에
인류 전체를 위한
선물이 될 수 있다는 것을
스스로 믿어라.

그리고 이날 이 자리에서
햇빛이 쏟아지는 정상에서
멀리 그 웅장한 산맥들을 바라보며
선언한 것임을 기억하라.

《그대, 스스로를 고용하라》 141쪽

5. 나의 날

기념일 기획하기

Q1

당신이 묻어야 할 과거,
벗어나야 할 낡은 모습은 무엇인가?

_____

_____

_____

_____

Q2

나태한 일상과 헛된 마음에서 벗어나는 데
가장 효과적인 활동은 무엇인가?

_____

_____

_____

_____

Q3

3년간의 자기 혁명 프로젝트의 개시일은 언제인가?
상징적인 '나의 날'을 정하라.
가장 중요한 의식을 한 가지 적어보라.

행복은 몰입의 결과이다.
몰입한 상태에서는
내면의 상태를 음미할 수 없다.
따라서 행복한지 불행한지조차
알 수 없다.

경험의 다양한 차원도
밀도 있게 집약되면서 조화를 이룬다.
시간조차도 1시간이 1분처럼 지난다.

몰입의 상태가 끝났을 때,
그 일이 무엇이었던가를 되돌아보면서
우리는 행복할 수 있다.

《그대, 스스로를 고용하라》 150쪽

6. 세부 계획서

실행 방안 세우기

Q1

목표 달성을 위해 읽을 책 10권은 무엇인가?

Q2

스승으로 삼을 전문가 10명은 누구인가?

Q3

현업에 뛰어들어 경험을 쌓는 동안,
다섯 가지 요령을 참고하라.

요령 1 활동의 전체 맥락을 늘 염두에 두도록 한다.
지금의 행동이 전체에 미치는 영향을 고려하라.

요령 2 상황이 요구하는 수준 이상으로 정성을 쏟아부어라.
남다른 의미를 찾아낼 수 있을 것이다.

요령 3 일을 더 잘할 수 있는 방법을 강구하라.
부가가치가 낮은 것을 없애는 것 역시 좋은 개선책이다.

요령 4 일에 대한 태도를 바꾸면, 넌더리 나는 일도 꽤 괜찮은 일로 바뀐다.
그 비결은 다음과 같다.

- 첫째, 무슨 일이 일어나면 왜 그러한 일이 일어났는지 명확히 이해하라.
- 둘째, 자신의 방식이 유일한 업무 처리 방식이라는 독선적 자세를 버려라.
- 셋째, 대안을 모색하여 더 좋은 방법이 나타날 때까지 실험을 계속하라.

요령 5 의무감을 가지고 일하지 마라.
오직 스트레스밖에 없다. 일을 놀이로 만들어라.

Q4

배우고 익힌 것들을 웹사이트에 올려라.
사람들에게 격조 높은 정보를 공유하라.
세미나에도 참석하고, 강연이나 출판에 도전하라.

브랜드라는 것은
시장에서 불리는 당신의 이름이다.
당신의 이름이 불러일으킬 수 있는
시장 가치를 모두 망라한 것이다.

브랜드는 사람을 끌어들이고
편견을 가지게 하고 믿게 만든다.
일관성을 유지해줌으로써
신뢰하고 편안함을 느끼게 해준다.
당신과 세상 사이의
유대감을 강화해준다.

《그대, 스스로를 고용하라》 195~196쪽

7. 브랜드 기획안

1인 기업으로 거듭나기

Q1

당신의 브랜드가 추구하는
첫 번째 가치는 무엇인가?

Q2

당신의 고객이 누구인지 명확히 적어라.
그들이 바라는 것은 무엇일까?

Q3

꿈을 잃어갈 때
만나고 싶은 사람은 누구인가?
(반면교사로 삼을 사람은 누구인가?)

Q4

가치관에 위배되는 행위를 하도록 강요되거나
유혹받을 때 만나고 싶은 사람은 누구인가?
(반면교사로 삼을 사람은 누구인가?)

Q5

변화와 혁명이 필요할 때
만나고 싶은 사람은 누구인가?
(반면교사로 삼을 사람은 누구인가?)

Q6

어려운 문제에 처하게 되었을 때
만나고 싶은 사람은 누구인가?
(반면교사로 삼을 사람은 누구인가?)

Q7

용기가 필요할 때
만나고 싶은 사람은 누구인가?
(반면교사로 삼을 사람은 누구인가?)

Q8

돈과 관련된 일을 다루고 싶을 때
조언을 구하고 싶은 사람은 누구인가?
(반면교사로 삼을 사람은 누구인가?)

Q9

개인의 사회적 책임에 대하여
닮고 싶은 사람은 누구인가?
(반면교사로 삼을 사람은 누구인가?)

좋아하는 분야이면서
타고난 기질, 역량, 재능과 결합이
가능한 활동이 만들어낼 수 있는
틈새가 어디인지
계속 찾아가라.

만들어놓은 명함 속의 자신을 특화할
'깊은 곳'에 주목하라.
노트를 꺼내서 써라.
쓰다 보면 명료해지고
정리가 될 것이다.

《그대, 스스로를 고용하라》 180~181쪽

8. 프로젝트 리뷰

변화 확인하기

Q1

프로젝트 진행 현황과 소감을 솔직하게 적어보자.
그동안 어떤 변화가 있었는가?
앞으로 어떤 변화가 기대되는가?

Q2

프로젝트 진행 현황과 소감을 솔직하게 적어보자.
그동안 어떤 변화가 있었는가?
앞으로 어떤 변화가 기대되는가?

Q3

프로젝트 진행 현황과 소감을 솔직하게 적어보자.
그동안 어떤 변화가 있었는가?
앞으로 어떤 변화가 기대되는가?

Q4

프로젝트 진행 현황과 소감을 솔직하게 적어보자.
그동안 어떤 변화가 있었는가?
앞으로 어떤 변화가 기대되는가?

Q5

프로젝트 진행 현황과 소감을 솔직하게 적어보자.
그동안 어떤 변화가 있었는가?
앞으로 어떤 변화가 기대되는가?

Q6

프로젝트 진행 현황과 소감을 솔직하게 적어보자.
그동안 어떤 변화가 있었는가?
앞으로 어떤 변화가 기대되는가?

Q7

이 노트를 처음부터 끝까지 다시 읽어보자.
'스스로를 고용하는' 여정을 완주한 자신에게
축하의 편지를 써보자.

당신이 빛나 보이는
그 열정의 순간에
당신은 다시 세상과
뜨겁게 만나게 된다.
좋아하는 일에 빠져서!

당신의 이름은 이제
개인적인 이름이 아니다.
그리고 당신의 지식과 전문성은
사회적 책임을 가지고 있는
공공의 자산이 된다.

《그대, 스스로를 고용하라》 224쪽